Este libro pertenece a

____

...una mujer conforme al corazón de Dios.

Otros libros de Elizabeth George:

Acaba con tus preocupaciones… ¡para siempre!
Ama a Dios con toda tu mente
Biblia de la mujer conforme al corazón de Dios
Colosenses/Filemón: Descubre la gracia de Dios
Cómo criar a una hija conforme al corazón de Dios
Encuentra la senda de Dios en medio de tus problemas
Ester: Descubre cómo ser una mujer bella y fuerte
Filipenses: Experimenta la paz de Dios
Guía de una joven para descubrir su Biblia
Guía de una mujer para las buenas decisiones
Hechos: El poder del Espíritu Santo
Jardín de la gracia de Dios
Jueces/Rut: Cultiva una vida de integridad
Lucas: Vive con pasión y propósito
María: Cultiva un corazón humilde
Momentos de gracia para el corazón de la mujer
Oraciones para el corazón de la mujer
1 Pedro: Cultiva un espíritu afable y apacible
Promesas poderosas para toda pareja
Proverbios 31: Descubre los tesoros de una mujer virtuosa
Proverbios para el corazón de la mujer
Sabiduría de Dios para la vida de la mujer
Santiago: Crece en sabiduría y fe
Sara: Camina en las promesas de Dios
Sigue a Dios con todo tu corazón
Tienes un amigo en Jesús—para chicas
Un minuto con las mujeres de la Biblia
Una esposa conforme al corazón de Dios
Una madre conforme al corazón de Dios
Una mujer conforme al corazón de Jesús
Una mujer que ora por su esposo
Una pareja conforme al corazón de Dios
Vive tu fe

COLOSENSES/ FILEMÓN

Descubre la gracia de Dios

ELIZABETH GEORGE

EDITORIAL PORTAVOZ

La misión de *Editorial Portavoz* consiste en proporcionar productos de calidad —con integridad y excelencia—, desde una perspectiva bíblica y confiable, que animen a las personas a conocer y servir a Jesucristo.

Agradecimientos

Como siempre, agradezco a mi amado esposo Jim George, M.Div., Th.M., por tu apoyo acertado, tu guía y tus sugerencias, y por alentarme con amor en la realización de este proyecto.

Un agradecimiento muy especial a Steve Miller, editor de Harvest House Publishers por su ayuda y su guía en la realización de este estudio.

Título del original: *Embracing God's Grace* © 2010 por Elizabeth George y publicado por Harvest House Publishers, Eugene, Oregon 97402. Traducido con permiso.

Traducción: Nohra Bernal

EDITORIAL PORTAVOZ
2450 Oak Industrial Dr. NE
Grand Rapids, Michigan 49505 USA
Visítenos en: www.portavoz.com

ISBN 978-0-8254-5596-4

2 3 4 5 / 29 28 27 26

Impreso en los Estados Unidos de América

Contenido

Prólogo

Desde hace tiempo he buscado estudios bíblicos de uso diario que me permitan conocer mejor la Palabra de Dios. En esto me hallé entre dos extremos: estudios bíblicos que requerían poco tiempo pero superficiales, o estudios profundos que exigían más tiempo del que disponía. Descubrí que no era la única y que, como muchas mujeres, vivía muy ocupada pero deseosa de pasar tiempo provechoso en el estudio de la Palabra de Dios.

Por eso me emocionó tanto saber que Elizabeth George quisiera escribir una serie de estudios bíblicos para mujeres con lecciones profundas que solo requerían 15 o 20 minutos diarios. Después que ella completara su primer estudio sobre Filipenses estaba ansiosa por conocerlo. Aunque ya había estudiado Filipenses, por primera vez entendí bien la organización del libro y su verdadera aplicación para mi vida. Cada lección era sencilla pero profunda, ¡y escrita especialmente para mí como mujer!

En la serie de estudios bíblicos de Una mujer conforme al corazón de Dios® Elizabeth nos guía en un recorrido por las Escrituras, y comunica la sabiduría que ha adquirido en más de 20 años como maestra bíblica para mujeres. Las lecciones abundan en contenidos muy valiosos, porque se fundamentan en la Palabra de Dios y son el fruto de la experiencia de Elizabeth. Su estilo de comunicación personal y afable te hacen sentir como si estuviera a tu lado estudiando contigo, como si en persona te orientara en la mayor aspiración que pudieras tener en la vida: ser una mujer conforme al corazón de Dios.

Si buscas estudios bíblicos que pueden ayudarte a cimentar tu conocimiento de la Palabra de Dios en medio de tantas ocupaciones, estoy segura de que esta serie será una grata compañía en tu andar diario con Dios.

—LaRae Weikert
Directora Editorial,
Publicaciones Harvest House

Preámbulo

En mi libro *Una mujer conforme al corazón de Dios®* hablo de esta clase de mujer como alguien que tiene el cuidado de poner a Dios en el trono de su corazón y como su máxima prioridad en la vida. También mencioné que una forma de lograrlo sin falta es alimentar un corazón anclado en la Palabra de Dios. Esto supone que desarrollemos unas raíces profundas en las Escrituras.

Antes de emprender nuestro estudio bíblico, dedica un momento a pensar en los siguientes aspectos concernientes a las raíces y al estudio diario y constante de la Palabra de Dios:

- *Las raíces no están a la vista.* Será necesario que apartes tiempo a solas, "en lo secreto", si deseas sumergirte en la Palabra de Dios y crecer en Él.
- *La función de las raíces es absorber nutrientes.* A solas, y con tu Biblia en mano, podrás alimentarte de las verdades de la Palabra de Dios y asegurar tu crecimiento espiritual.
- *Las raíces sirven para almacenar.* A medida que adquieres el hábito de escudriñar la Palabra de Dios, descubrirás que acumulas una inmensa y profunda reserva de esperanza divina y fortaleza para los tiempos difíciles.
- *Las raíces sirven de sostén.* ¿Quieres permanecer firme en el Señor y en medio de las presiones de la vida? El cuidado diario de tus raíces espirituales mediante el estudio de la Palabra de Dios te convertirá en una mujer extraordinaria y firme.*

Me alegra que hayas escogido este volumen de mi serie de estudios bíblicos de *Una mujer conforme al corazón de Dios®*. Mi oración es que las verdades que encuentres en la Palabra de Dios a través de este estudio te acerquen más a la semejanza de su amado Hijo y te faculten para ser la mujer que anhelas: una mujer conforme al corazón de Dios.

En su amor,

Elizabeth George

* Tomado de Elizabeth George. *A Woman After God's Own Heart* [*Una mujer conforme al corazón de Dios*] (Eugene, OR: Harvest House Publishers 2001), pp. 24-29. Publicado en español por Unilit.

Para quienes vivieron hace 2000 años o quienes vivimos en la actualidad, el mensaje de Dios sigue siendo el mismo: su gracia es suficiente y completa. No se necesita añadir nada más. A medida que estudias Colosenses y Filemón, versículo a versículo, descubrirás en profundidad la provisión completa de Cristo al conocer...

- La gracia de Dios revelada a través del ministerio de otros
- La gracia de Dios manifestada en la vida y el ministerio de Cristo
- La gracia de Dios demostrada en un hogar cristiano
- La gracia de Dios evidenciada en el lugar de trabajo
- La gracia de Dios reflejada en el perdón a otros

Este alentador estudio te brindará una mejor comprensión de la persona y de la obra de Jesucristo. Te sentirás animada al observar por ti misma cómo su vida se manifiesta de manera práctica y emocionante en personas comunes y corrientes.

Lección 1

Saludo fraternal

Colosenses 1:1-2

Cuando eres un autor con obras publicadas, se da por sentado que conoces el arte de escribir. Esta es una de las razones por las cuales me piden leer, hacer sugerencias, o recomendar manuscritos. Sin embargo, mi apretada agenda y mis limitaciones de tiempo me obligan a declinar amablemente tales invitaciones. Aun así, de vez en cuando, si conozco personalmente al autor, accedo a escribir una recomendación de la persona y de su ministerio. A través de ella, otros pueden saber lo que admiro y estimo del autor de la obra.

Esto es precisamente lo que hace el apóstol Pablo al inicio de su epístola de Colosenses en el Nuevo Testamento, que es el estudio que nos ocupa. Él escribe su recomendación acerca de un grupo o cuerpo de creyentes a quienes no conoce en persona, si bien ha oído mucho sobre sus cualidades espirituales. Además, Pablo envía a la iglesia una recomendación del hombre mismo que trajo un alentador informe de los cristianos maduros y dinámicos de Colosas. No obstante, Pablo manifiesta más adelante su preocupación porque estos creyentes siguieran creciendo en su vida espiritual.

Veamos ahora lo que Pablo, experto en animar a otros, dice acerca de descubrir la gracia de Dios.

Colosenses 1:1-2

1 Pablo, apóstol de Jesucristo por la voluntad de Dios, y el hermano Timoteo,

2 a los santos y fieles hermanos en Cristo que están en Colosas: Gracia y paz sean a vosotros, de Dios nuestro Padre y del Señor Jesucristo.

De la Palabra de Dios...

1. *Pablo.* ¿Cómo se describe Pablo a sí mismo en el versículo 1?

   Busca en un diccionario y escribe el significado de la palabra *apóstol.*

   ¿Cómo dice Pablo que se convirtió en apóstol?

   Escribe otros detalles acerca de Pablo que encuentras en estos pasajes:

      Romanos 1:1

      Gálatas 1:1

   ¿Qué más dice Colosenses 4:3 acerca de la situación de Pablo?

2. *El compañero de Pablo.* ¿Qué otra persona se menciona en este saludo a los Colosenses (v. 1)?

   ¿Qué nos cuentan los siguientes versículos acerca de él?

   Hechos 16:1-3

   Filipenses 2:19-22

   2 Timoteo 1:5

   2 Timoteo 3:15

3. *Los destinatarios de la carta de Pablo.* ¿Cómo describe Pablo a los destinatarios de su carta (v. 2)?

   ¿Dónde vivían?

   La ciudad de Colosas se encontraba a 160 kilómetros al este de Éfeso sobre la ribera del Licos y abarcaba lo que se conocía como "la región asiática". Aunque Colosas no era tan influyente como la ciudad vecina de Laodicea, al ser un centro comercial y cruce de caminos, sí lo fue en el pensamiento religioso y la filosofía.

   ¿Qué revela acerca del ministerio de Pablo en Éfeso su mensaje a los ancianos efesios en Hechos 20:31?

   Según Hechos 19:10 ¿cuál fue el alcance del mensaje más allá de la ciudad de Éfeso?

4. *El saludo de Pablo.* ¿Cuáles son los dos saludos de Pablo a sus lectores en el versículo 2?

—

—

¿Cuál es la fuente de estas bendiciones (v. 2)?

...a tu corazón

- *Tu papel como consejera y discípula.* La mención que hace Pablo de Timoteo nos recuerda el tema de la orientación o el discipulado. Han pasado más de 10 años desde que Pablo invitara por primera vez a Timoteo a unirse a su equipo misionero. Timoteo ha sido edificado y entrenado hasta convertirse en un misionero experimentado. Tanto, que es capaz de transmitir a otros lo que ha aprendido de Pablo, para ayudarles en su crecimiento espiritual. Tito 2:3-5 describe el papel que deben desempeñar las "ancianas" en este proceso de orientación y entrenamiento. ¿Quién dice Dios que son tus discípulas (v. 4)?

  ¿Qué has de enseñarles (vv. 4-5)?

  —

  —

  —

—

—

—

—

Según Pablo ¿qué debes hacer en tu preparación para desempeñar este papel (v. 3)?

¿Cuán importante es orientar y discipular a las mujeres jóvenes?

¿Cuál puede ser tu papel en la preparación de la siguiente generación de mujeres piadosas?

¿Hay algunas áreas en las que necesitas capacitarte para enseñar a otras?

- *Tu posición y tu vida práctica*. Pablo se refirió a los cristianos colosenses como “santos” o “apartados”. Tú, al igual que ellos, no eres santa gracias a tus propios méritos. Eres santa porque has sido apartada por la inmensa gracia de Dios para consagrarte a una vida santa y pura. Esta es tu *posición* definitiva en Cristo.

Pero ¿cómo vives en un mundo real de asuntos prácticos y cotidianos? ¿Qué cualidades en tu vida y en tus acciones te harían merecedora del calificativo de “fiel”? Anota algunas aquí, y también las áreas de tu vida que precisan ajustes. Que tu objetivo sea disipar cualquier duda que exista en relación con tu fidelidad a Cristo.

- *Tus bendiciones*. En su saludo, Pablo ofrece dos bendiciones a los colosenses. La fuente de ambas es "Dios nuestro Padre y el Señor Jesucristo". "Gracia" es el favor inmerecido de Dios. Y "paz" es lo que Jesús ha establecido entre los creyentes y el Padre por medio de su muerte en la cruz. Con Dios como nuestro Padre, ahora tenemos "paz con Dios" y la "paz" de Dios. Lee Efesios 2:8 y comenta acerca de la gracia de Dios en tu vida.

Respuesta del corazón

Pablo amaba profundamente a Jesucristo, y ese amor se derramaba desde su corazón sobre las cartas que escribió a los hermanos de las diferentes iglesias, entre ellas la de Colosas. Siempre llevó en su corazón a las iglesias en todas partes. Estaba consagrado a animar y corregir a los creyentes acerca de todo lo que ocurría o podía ocurrir en sus vidas.

Por otro lado, la iglesia de Colosas no estaba situada en una ciudad importante. Era más bien una iglesia de ciudad pequeña. ¿A quién habría de importarle entonces?

¡A Pablo, por supuesto! Él se gozaba en saber de su crecimiento y madurez. Sin embargo, cuando se enteró de un grave error doctrinal en la iglesia de Colosas, se sintió en la obligación de escribir esta carta, movido por su corazón lleno de amor y de celo.

Piensa en tu amor por Jesús. Al dar inicio a este estudio y a medida que avanzas en él, leyendo y viviendo las verdades del libro de Colosenses, medita en lo siguiente: ¿cómo es tu crecimiento espiritual? ¿Cómo se ve tu curva de crecimiento? En segundo lugar, ¿conoces a algunas creyentes a quienes podrías ayudar a comprender mejor la gracia de Dios y la fe cristiana? No olvides orar por ellas. Pídele también a Dios que te muestre cómo puedes ayudarlas a través de un corazón de amor. Por último, ¿de qué maneras puedes compartir lo que has aprendido con las personas que te rodean en tu familia y el trabajo, con tus amigas o con quienes no conocen a Jesús?

Sigue el ejemplo de Pablo y haz lo que esté a tu alcance. Ora por las personas a quienes conoces. Anima a otros. Proponte en tu corazón hablarles acerca de la maravillosa gracia de Dios.

Lección 2

Acción de gracias a Dios

Colosenses 1:3-8

Un pecador perdonado es un santo agradecido. Esta declaración tipifica la vida y el ministerio del gran apóstol Pablo. Ya conoces a Pablo, que había sido fariseo y celoso perseguidor de los cristianos de la iglesia primitiva. Pero Pablo, también conocido como Saulo, fue transformado gloriosamente cuando iba de camino a Damasco para arrestar a más cristianos. No es de extrañar que abunden acciones de gracias a Dios en los escritos de este pecador perdonado. Y su carta a los creyentes en Colosas no es la excepción. Pablo no solo da gracias a Dios y a su Salvador el Señor Jesucristo, sino también da gracias por el crecimiento espiritual de los hermanos en la iglesia de Colosas. Acompáñame y descubre cómo puedes mirar más allá de ti misma y de tu situación, y ser agradecida por todo lo que Dios hace en el mundo que te rodea.

Colosenses 1:3-8

3 Siempre orando por vosotros, damos gracias a Dios, Padre de nuestro Señor Jesucristo,

4 habiendo oído de vuestra fe en Cristo Jesús, y del amor que tenéis a todos los santos,

5 a causa de la esperanza que os está guardada en los cielos, de la cual ya habéis oído por la palabra verdadera del evangelio,

6 que ha llegado hasta vosotros, así como a todo el mundo, y lleva fruto y crece también en vosotros, desde el día que oísteis y conocisteis la gracia de Dios en verdad,

7 como lo habéis aprendido de Epafras, nuestro consiervo amado, que es un fiel ministro de Cristo para vosotros,

8 quien también nos ha declarado vuestro amor en el Espíritu.

De la Palabra de Dios...

1. *La importancia de la acción de gracias.* Pablo empieza su carta dando gracias, ¿a quién (v. 3)?

2. *Los motivos de la acción de gracias.* En los versículos 4-6, busca los muchos motivos que tenía Pablo para dar gracias por lo que sucedía en la vida de los creyentes colosenses. Ahora anótalos en el siguiente orden:

   Versículo 4. Escribe las noticias que llegaron a oídos de Pablo acerca de los colosenses, y que lo movieron a dar gracias a Dios.

—

—

Versículo 5. Escribe otro motivo por el cual Pablo podía dar gracias a Dios.

Versículos 5-6. Pablo se refiere luego a "la palabra verdadera del evangelio". ¿Qué efecto tenía ésta en los lectores?

Versículos 7-8. Pablo también da gracias por una persona. ¿Quién es y cómo lo describe a él y a su ministerio?

...a tu corazón

- *Dar gracias en oración.* Pablo ha desarrollado el hábito de orar. ¿Qué dice Efesios 6:18 acerca de la oración?

  ¿Qué dice Efesios acerca del alcance de la oración?

  Escribe lo que enseña cada uno de los siguientes versículos acerca del hábito y la práctica de la oración:

  Lucas 18:1

  Filipenses 4:6

Colosenses 4:2

1 Tesalonicenses 5:17

Un hábito es un acto repetido, sea bueno o malo. Haz una lista de algunos ajustes y cambios que puedes hacer ya mismo, desde hoy, para desarrollar el excelente hábito de la oración, de una oración diaria, fiel, continua, y sincera.

- *Dar gracias a Dios*. Pablo está agradecido por la respuesta de los colosenses a la verdad de la Palabra de Dios. Al mismo tiempo, es consciente de que sólo Dios merece el crédito y la gloria por lo él que ha oído y conocido acerca del crecimiento de los creyentes. El elogio de Pablo por el crecimiento y el fruto de los santos en Colosas se convierte en una oración de gratitud a Dios, Aquel que es el autor del avance espiritual de sus hijos. Lee Efesios 3:8-9 y luego intenta escribir tu propia oración de acción de gracias a Dios por tu salvación.

Tarea adicional: Lee la oración de Pablo que aparece en Filipenses 1:9-11. Es una oración por el crecimiento espiritual de sus amados. Anota lo que Pablo pide para sus amigos:

Versículo 9

Versículo 10

Versículo 11

¿Quién necesita tus oraciones por crecimiento espiritual? ¿Tu hijo? ¿Un nieto? ¿Sobrinas, sobrinos, y primos? ¿Tu esposo o tus padres? ¿Una hija o un yerno? Haz una lista con sus nombres. Luego empieza a orar como lo hizo Pablo. Si lo deseas, copia sus palabras. Eleva tus oraciones a Dios en favor de ellos. Y cuando veas evidencia de fruto espiritual, no olvides dar gracias a Dios como hizo Pablo.

- *Dar gracias por el crecimiento.* Parece que el crecimiento espiritual viene acompañado de luchas. De alguna manera parece que avanzamos dos pasos y retrocedemos uno. Quizás esta sea la razón por la cual estamos tan agradecidos con Dios cuando vemos crecimiento en nuestra vida y en la de otros creyentes. Pablo estaba profundamente agradecido de saber del crecimiento espiritual de los colosenses, de su *fe* firme en Jesús y de su *amor* que se extendía mucho más allá de su círculo social inmediato. Todo su crecimiento estaba motivado por la certeza de una *esperanza* futura de la eternidad con su Salvador. ¿Cómo calificas tu crecimiento espiritual? Señala algunas áreas específicas en las que has visto cambio y progreso.

Ahora piensa en varias personas a la que conoces y cuyo crecimiento ha sido evidente. ¿Qué cambios has notado? Da gracias a Dios, y no olvides decirles lo que has notado en sus vidas. Como dice Proverbios 12:25, una palabra sabia alegra el corazón. ¡Una palabra de aliento siempre cae bien!

- *Da gracias por los ministros fieles.* Pablo estaba también agradecido por el ministerio fiel de Epafras, que había sido comisionado por Pablo para llevar el evangelio a Colosas. Epafras era un "fiel ministro de Cristo" (Col. 1:7) a favor de los colosenses.

  Los ministros de Cristo trabajan por nuestro bien. ¿Cuán fiel eres en orar por tu pastor, tus líderes eclesiales, tus maestros de la Biblia, los misioneros y consejeros? Haz una lista de personas que trabajan para Dios y por el bien de otros. Da gracias a Dios por ellos, y piensa de qué manera puedes manifestar tu gratitud por su fiel obra de amor.

Respuesta del corazón

Por desgracia, vivimos en un mundo muy negativo. Si no tenemos cuidado podemos contagiarnos de ese espíritu pesimista. Es demasiado fácil volverse cínico al imitar el ejemplo de los demás. Pero Pablo no estaba dispuesto a permitir que sus circunstancias le dictaran su actitud. Aunque Pablo vivía bajo arresto domiciliario en Roma, desde donde escribía a los colosenses, inició su carta con pura acción de gracias. Su corazón estaba lleno y rebosante de la "fe en Cristo Jesús" y de "amor… por todos los santos". Bendijo a Dios, y lo bendijo también por la obra que hacía en las vidas de otros. Por último, bendijo a Dios por usar a otros para llevar el evangelio a los confines de la tierra. ¿Por qué no habría de estar agradecido?

Lo mismo es cierto para nosotras. Mira a Dios. Abre tus ojos. Busca evidencias de su gracia. Observa lo que está haciendo en el mundo y en la vida de otros. Cuando lo hagas, en poco tiempo dejarás de preocuparte por tus problemas y empezarás a alabar a Dios por su magnífico poder, y por "la esperanza que os está guardada en los cielos".

Lección 3

Oración por madurez espiritual

Colosenses 1:9-12

La maternidad es un privilegio único y honroso que nunca debe menospreciarse. Los deberes de una madre empiezan temprano en el día, y terminan tarde por la noche. Una buena madre está siempre alerta, atenta, y vigilante. Su deseo es que sus hijos crezcan y se conviertan en adultos físicamente saludables. No obstante, una madre *cristiana* tiene un interés más elevado: ella anhela ardientemente el crecimiento espiritual de sus hijos.

Pablo se parece mucho a una madre cristiana. Aunque nunca conoció personalmente a los creyentes en Colosas, tenía un profundo interés en su madurez y crecimiento espirituales (2:1). Se regocijó con la noticia del crecimiento que habían tenido hasta ese momento. Pero como siempre es posible un mayor crecimiento espiritual, él ora porque crezcan aún más. Ora especialmente porque tengan un mayor conocimiento de Dios, de su gracia, y de su voluntad para ellos. Siéntate junto a Pablo en su prisión y aprende cómo orar por la madurez espiritual de otros. Escucha su oración... y su corazón.

Colosenses 1:9-12

9 Por lo cual también nosotros, desde el día
que lo oímos, no cesamos de orar por vosotros, y de pedir que seáis llenos del conocimiento de su voluntad en toda sabiduría e inteligencia espiritual,

10 para que andéis como es digno del Señor, agradándole en todo, llevando fruto en toda buena obra, y creciendo en el conocimiento de Dios;

11 fortalecidos con todo poder, conforme a la potencia de su gloria, para toda paciencia y longanimidad;

12 con gozo dando gracias al Padre que nos hizo aptos para participar de la herencia de los santos en luz;

De la Palabra de Dios…

1. Aunque Pablo se encontraba a más de 1200 kilómetros de los creyentes colosenses, ¿qué ministerio desempeñó en sus vidas (v. 9)?

2. ¿Cuál fue la primera petición que presentó Pablo a Dios por los colosenses (v. 9)?

   ¿Qué es esencial para conocer la voluntad de Dios?

   —

   —

3. Cuando obedeces a Dios demuestras verdadero conocimiento y entendimiento de su voluntad. ¿Cuál es el resultado de un conocimiento claro de la voluntad de Dios (v. 10)?

Enumera tres actividades características de alguien que agrada a Dios.

Versículo 10

Versículo 10

Versículo 11

¿De dónde proviene su fortaleza?

¿Qué cualidades otorga esta fortaleza?

—

—

—

La expresión de acción de gracias se extiende a los tres versículos siguientes (12-14). ¿Cuál es el motivo de su gratitud en el versículo 12?

...a tu corazón

- *La vida de oración de Pablo.* Las 13 cartas de Pablo contienen un abundante registro de sus oraciones por los destinatarios de sus cartas. Algunas de ellas fueron escritas mientras estaba en prisión. Es probable que el encierro de Pablo le permitiera tener más tiempo para orar. Pero incluso cuando estuvo muy comprometido en su ministerio mientras se encontraba en Corinto, Pablo dedicó tiempo para escribir a los Tesalonicenses, y para hacerles saber que los tenía presentes en sus oraciones (1 Ts. 1:3).

  A veces usamos las ocupaciones como excusas para no orar, pero parafraseando a Martín Lutero: "Mi agenda está tan llena hoy que necesito pasar más tiempo en oración". No permitas que una vida atareada te impida orar. ¡Lo necesitas! Y, al igual que los colosenses, hay otros que también necesitan tus oraciones para alcanzar la madurez. Comenta la siguiente afirmación: "La razón por la cual mi vida está tan ocupada y a menudo fuera de control tal vez sea porque no me detengo a orar por las prioridades de Dios en mi vida".

- *Las oraciones de Pablo.* ¿Alguna vez has estado en una reunión de oración centrada principalmente en las necesidades físicas de las personas? Yo sí. Pues bien, si las oraciones de Pablo sirven como modelos que nos enseñan cómo orar, podríamos descubrir que hemos orado con un enfoque equivocado. ¿Cuál es el enfoque de Pablo en algunas oraciones?

  Efesios 1:15-19

  Efesios 3:14-19

  1 Tesalonicenses 1:2-4

No está mal orar por las necesidades físicas. Sin embargo, como Pablo, tienes que orar por la madurez espiritual de otros creyentes, empezando por tu propia familia. Haz una lista de los miembros de tu familia y luego escribe algunos motivos por los cuales podrías orar, usando como guía algunos elementos de la oración de Pablo en los versículos 9-12.

- *La gratitud de Pablo*. Antes de convertirse en cristiano, Pablo no era más que un candidato para recibir la ira de Dios. Pero por la gracia de Dios mediante Jesucristo, Pablo fue "justificado" y "autorizado" para recibir una herencia, y en esto se regocijaba. Tal vez hayas notado también que él quería incluir a otros en su acción de gracias.

  ¿Has recibido a Jesucristo como Salvador de tu vida? Entonces también tienes una herencia. ¡Puedes expresar también tu gratitud abundante y vehemente! Para apreciar mejor tu herencia, mira el versículo en 1:13 y describe la breve información que aparece acerca de esa herencia.

¿Qué información adicional encuentras en Efesios 1:11-14 acerca de tu herencia?

¿Y en 1 Pedro 1:3-5?

Tu herencia existe en el reino espiritual donde habita Dios mismo, el lugar de iluminación divina, el lugar de luz, el reino de Dios. Escribe una breve oración de acción de gracias por tu herencia espiritual.

Respuesta del corazón

¿Te has preguntado cómo orar por personas a quienes ni siquiera conoces? Tal vez sean misioneros, o líderes espirituales, o incluso personas desconocidas de tu propia iglesia. Aunque Pablo nunca había conocido a los colosenses, oró fielmente por ellos y por su madurez espiritual. Cuando no sabes cómo orar por otros, sigue el ejemplo que dejó Pablo en su carta a los colosenses.

- Ora para que entiendan la voluntad de Dios
- Ora para que adquieran sabiduría espiritual
- Ora para que agraden a Dios en todo
- Ora para que lleven fruto
- Ora para que crezcan en su conocimiento de Dios
- Ora para que sean fortalecidos con el poder de Dios y puedan soportar con paciencia cualquier adversidad
- Ora para que se regocijen y den gracias siempre
- Ora para que crezcan en gracia

La oración es un ministerio poderoso que cualquier creyente puede tener en cualquier momento, lugar, y circunstancia. Cuando Pablo estaba encarcelado, oró. Cuando estaba libre y viajando, oró. ¡Y no paraba de orar! Esto dijo a los creyentes en

Tesalónica: "Damos *siempre* gracias a Dios por todos vosotros, haciendo memoria de vosotros en nuestras oraciones".

No subestimes la importancia de la oración en tu vida cristiana. Acepta el reto. Conviértela en una prioridad. Tal vez seas la única que ora por una persona en particular. Y no olvides enfocar tus oraciones en los asuntos espirituales. La condición espiritual de una persona determinará su manera de enfrentar las situaciones de la vida, ya sean físicas o emocionales.

Lección 4

Comprender la preeminencia de Cristo

Colosenses 1:13-18

"Ha resucitado" (Mt. 28:6) es la declaración del ángel frente a la tumba vacía de Jesús. La resurrección de Jesús es el alma y el corazón del cristianismo. ¡Son las "buenas nuevas"! Es el mensaje que dio Pedro el día de Pentecostés (Hch. 2:32), y 3000 personas creyeron y fueron bautizadas. Fue la realidad que descubrió Pablo cuando se encontró con el Señor resucitado en el camino a Damasco (Hch. 9). La resurrección fue el tema central del mensaje de Pablo a partir de ese momento, y reitera ese mensaje en su carta a la iglesia colosense. La resurrección de Jesús y su oferta de redención solo eran posibles si Jesús era Dios. Y aquí en Colosenses 1:13-18, Pablo les recuerda a los creyentes colosenses la preeminencia de Cristo, y lo que Él hizo para hacer posible la redención de ellos. Fíjate en cómo Pablo interroga a los colosenses para comprobar y comprender la asombrosa gracia de Dios, el Padre, al enviar a su Hijo, el Señor Jesucristo, para redimirlos.

Colosenses 1:13-18

13 el cual nos ha librado de la potestad de las tinieblas, y trasladado al reino de su amado Hijo,

14 en quien tenemos redención por su sangre, el perdón de pecados.

15 Él es la imagen del Dios invisible, el primogénito de toda creación.

16 Porque en él fueron creadas todas las cosas, las que hay en los cielos y las que hay en la tierra, visibles e invisibles; sean tronos, sean dominios, sean principados, sean potestades; todo fue creado por medio de él y para él.

17 Y él es antes de todas las cosas, y todas las cosas en él subsisten;

18 y él es la cabeza del cuerpo que es la iglesia, él que es el principio, el primogénito de entre los muertos, para que en todo tenga la preeminencia;

De la Palabra de Dios…

1. *El papel del Padre.* ¿Qué papel jugó Dios Padre en nuestra redención (v. 13)?

—

—

2. *El papel del Hijo.* ¿Qué hizo posible nuestra redención (v. 14)?

   ¿Cuál es el beneficio de esta redención (v. 14)?

3. *La identidad del Hijo.* Escribe la descripción que hace Pablo de la persona de Cristo.

   Versículo 15

   Versículo 15

   Versículo 17

   Versículo 17

   Versículo 18

   Versículo 18

   Versículo 18

4. *La obra del Hijo.* Describe el alcance de la obra de Cristo en la creación (v. 16).

...a tu corazón

Los colosenses habían sido rescatados por Dios de las viles creencias y prácticas paganas. El informe de su crecimiento espiritual había animado a Pablo. Su fe, su amor, y su esperanza eran evidentes. Estaban llevando fruto. Con todo, existía el peligro latente de que recayeran en sus antiguos hábitos, especialmente si olvidaban su pasado.

- *Su redención.* Las expresiones de gratitud de Pablo que empezaron en el versículo 12 se extienden hasta el versículo 18. Un motivo importante de acción de gracias tiene que ver con nuestra redención. El Padre nos "hizo aptos" y por su gran poder nos "libró" del poder de las tinieblas y nos trasladó al reino de su Hijo. ¿Qué dice Efesios 1:7 acerca del alcance o la fuente de nuestra redención y perdón?

  Rememora lo que eras antes de experimentar la gracia de Dios en Cristo Jesús. Tienes muchos motivos para estar agradecida, ¿no es así? ¡Escribe una o dos líneas de tu oración personal de acción de gracias!

- *Su Salvador.* Pablo se enteró de que falsas enseñanzas se habían filtrado en la iglesia de Colosas. La herejía como tal no se menciona, pero parece que intentaba menoscabar la persona y la obra de Cristo. Pablo explica en términos muy claros que los creyentes colosenses deben reconocer la deidad de Jesucristo y la obra que ha hecho en favor de ellos. Jesús es Dios, y la fe de ellos exige que Él tenga y conserve esta posición de exaltación como Creador, Sustentador, y Salvador. A continuación presento algunas de las frases que describen la supremacía de Cristo. Sólo una persona con estos atributos tiene el derecho de ser llamado su Salvador:

  Imagen del Dios invisible. Jesús es la representación visible exacta de Dios. Es la forma misma de Dios y lo ha sido desde la eternidad (v. 15).

El primogénito de toda la creación. Esto no significa que Jesús haya sido el primero en ser creado, porque Él es eterno. Decir que es el primogénito significa que es el primero en rango. Jesús tiene la prioridad y la autoridad del primogénito en un reino. Por lo tanto, es soberano en toda la creación, incluso del mundo espiritual.

Él es el Creador. Jesús es Dios en carne humana. Su nombre *Emanuel* significa literalmente "Dios con nosotros" (Mt. 1:23). De manera que Él estuvo presente en la creación, y todas las cosas fueron creadas "por medio de Él y para Él" (Col. 1:16).

Él es la cabeza del cuerpo. Cristo controla cada parte de la Iglesia y le da vida y dirección. Puesto que es el primero en haber resucitado, Cristo reina sobre todos aquellos que serán resucitados de los muertos, lo cual incluye a todo el mundo, tanto creyentes como incrédulos (v. 18).

¿Cómo debería la preeminencia de Cristo afectar tu respuesta a su obra en tu vida, incluso en las áreas más pequeñas?

Respuesta del corazón

Jesús es soberano por toda la eternidad. Él es soberano en todo aspecto y a todo nivel. Él es Señor de la creación, y Señor de su Iglesia. Por consiguiente, debe ser Señor de los suyos. ¿Eres su hija? Si es así, Él espera ser el único en tu vida. Él espera de ti…

Adoración, alabanza y gratitud,

Una disposición para aprender más acerca de Él y de su gracia,

Tu devoción a Él sin reservas, y

Tu amor sincero por lo que ha hecho a favor tuyo.

¿Hay aspectos de tu vida que tratas de desligar de la autoridad de Cristo? ¿Puedes identificarlos? ¿Puedes describirlos? Dedica un momento a entregarle estas áreas ahora mismo.

Si no eres hija de Dios, ¿qué te impide entregarle ahora mismo el control de tu vida y experimentar la gracia transformadora de Dios? Esta podría ser tu oración:

> Dios, quiero entregarte el control de mi vida. Quiero apartarme del pecado y recibir a tu Hijo Jesucristo como mi Señor y Salvador. Gracias por enviarlo a morir en la cruz por mí para pagar por mis pecados y hacer posible que yo reciba su justicia. Te entrego mi vida ahora, y te pido que me guíes. ¡Te agradezco por la gracia que me has manifestado!

Lección 5

Comprender lo que Cristo ha hecho por ti

Colosenses 1:19-23

"¡Te he dicho cientos de veces que no hagas eso!". ¿Alguna vez te dijeron esto tus padres? O ¿alguna vez has hecho un comentario exagerado como este a uno de tus hijos? En realidad, es probable que contadas veces hayas tenido que regañar a tu hijo. Entonces ¿por qué exageraste el asunto? Por el efecto que produce, ¿no es así? Pues bien, no eres la única persona que lo hace. El apóstol Pablo hizo lo mismo cuando escribió a un grupo de creyentes en un pueblito insignificante en Asia Menor. Pablo usó una hipérbole, o un poco de exageración, para comunicar su mensaje. Quería que sus lectores no abrigaran duda alguna acerca de quién era Jesús y de lo que Él en su gracia había hecho por ellos. Sigue adelante y mira si puedes identificar la hipérbole que usó Pablo en este pasaje.

Colosenses 1:19-23

19 por cuanto agradó al Padre que en él habitase toda plenitud,

20 y por medio de él reconciliar consigo todas las cosas, así las que están en la tierra como las que están en los cielos, haciendo la paz mediante la sangre de su cruz.

21 Y a vosotros también, que erais en otro tiempo extraños y enemigos en vuestra mente, haciendo malas obras, ahora os ha reconciliado

22 en su cuerpo de carne, por medio de la muerte, para presentaros santos y sin mancha e irreprensibles delante de él;

23 si en verdad permanecéis fundados y firmes en la fe, y sin moveros de la esperanza del evangelio que habéis oído, el cual se predica en toda la creación que está debajo del cielo; del cual yo Pablo fui hecho ministro.

De la Palabra de Dios…

La palabra "por" en el versículo 19 señala lo que Pablo acaba de declarar en los versículos 15-18. Cristo es soberano. Su supremacía procede del hecho de que el Hijo encarnado es plenamente divino, y de que su singular personalidad tanto divina como humana es la expresión visible del agrado del Padre.

1. Puesto que Jesús es la morada de la plenitud de Dios, Él es poderoso para…

   ¿Hacer qué (v. 20)?

¿En qué medida (v. 20)?

¿De qué manera (v. 20)?

2. ¿Cuál era tu doble condición antes de la intervención de Cristo en tu vida (v. 21)?

—

—

3. ¿Cuál es el triple resultado de su intervención (v. 22)?

—

—

—

4. ¿Cuál es la amonestación de Pablo (v. 23)?

—

—

—

—

…a tu corazón

Antes de la muerte expiatoria de Cristo en la cruz, los pecadores como tú y como yo estábamos separados de un Dios santo. Pero gracias a la muerte y resurrección de Cristo, es posible ser reconciliadas con Dios por la fe. La reconciliación es un tema central del mensaje del evangelio.

- *Tu condición pasada.* Como es usual en todos sus escritos, Pablo presenta a partir del versículo 21 una completa sección de aplicación personal. Él quiere que los colosenses recuerden su pasado.

  ¿Cómo se manifestaba esta condición interior?

  ¿A dónde los había conducido su rebelión?

  Medita de nuevo en tu pasado, en tu vida antes de tener una relación con Cristo. ¿Qué motivos de agradecimiento tienes?

- *Tu condición futura.* La transformación tiene su comienzo en la salvación. El proceso ha empezado y continuará hasta que llegues a la gloria. Esta es la condición futura que les espera:

  Santos. El fin último de su reconciliación es que Dios los presente delante de Él en santidad, que es un estado de separación del pecado.

  Sin mancha. Cristo desea presentarlos sin tacha, con una pureza que tiene su origen en Él, "un cordero sin mancha" (1 P. 1:19).

  Irreprensibles. Ninguna acusación en contra de ellos se puede sostener (Ro. 8:33).

Como he dicho antes, el proceso ha comenzado. Evalúa tu progreso presente en términos de:

Tu separación del pecado

Tu pureza

Tu conducta

Da gracias por tu crecimiento, y planea hacer algo para mejorar en aquellas áreas que necesitan ajustes.

- *Tu fidelidad presente.* Dios ha determinado el fin supremo del creyente (v. 22), y también los medios que lo conducirán a él: su fidelidad constante (v. 23). La *conservación* divina presupone siempre la *perseverancia* humana. Pablo da por sentado que sus lectores seguirán firmes en su fe. Él es como un entrenador que anima desde fuera a su equipo, que son los colosenses, ¡y tú también! Los anima a permanecer fieles incluso en medio de la tentación y las falsas enseñanzas. ¿Cómo te encuentras tú? ¿Estás fallando en algún área de tu vida? ¿Qué piensas que el entrenador Pablo quisiera decirte? Anota algún aspecto de tu vida en el que estás fallando.

- *El alcance del evangelio.* Pablo se llamó a sí mismo "ministro" o siervo del evangelio (v. 23). El mismo término se emplea para describir a Epafras en 1:7. Él quería que sus lectores supieran que sus creencias no eran solamente de él. Quería hacerles saber que, a diferencia de las falsas enseñanzas que habían surgido en su congregación y que estaban reservadas y eran exclusivas de unos pocos "iluminados", el evangelio que ellos habían oído y aceptado se transmitía por todas partes y estaba al alcance de todos. No había excusa para apartarse del evangelio original y caer en falsas enseñanzas. Escribe a continuación Romanos 1:16, y en seguida declara tu compromiso con el evangelio de Cristo.

Respuesta del corazón

La muerte de Cristo abrió el camino para que todas las personas vengan a Dios, y eso te incluye a ti. Él quitó el pecado que te impedía tener una relación correcta con Dios. El camino quedó despejado. Ahora puedes tener paz con Dios. Si has aceptado a Cristo, que murió en tu lugar, formas parte de los que son salvos. Si no lo has hecho ya, no esperes hasta que sea demasiado tarde. Reconcíliate con Dios. Ven a Él mediante la gracia por medio de Cristo.

Lección 6

Servir a Cristo en sacrificio

Colosenses 1:24-26

En cuanto esté a su alcance, la mayoría de las personas evitan el sacrificio y el sufrimiento. Sin embargo, desde el momento en el que entró el pecado en el mundo, el dolor y el sufrimiento vinieron como consecuencia. De ninguna manera puedo decir que he sufrido tanto como muchos de mis amigos y conocidos lo han hecho. No obstante, mientras escribo esta lección, varios familiares están sufriendo alguna enfermedad, y mi hermano mayor falleció hace poco. No soy la única. Estoy segura de que tú también puedes hacer tu lista. Por supuesto que no nos agrada el dolor y el sufrimiento, y tampoco es algo que buscamos. No obstante, en Colosenses 1:24-26 Pablo afirma que él se goza en su sufrimiento y que espera experimentar más sufrimiento en su servicio a su Maestro, Jesús. ¡Vaya! ¡Qué actitud tan tremenda! ¿Qué lo lleva a declarar algo semejante? Sigue adelante y aprende los secretos del servicio sacrificado.

Colosenses 1:24-26

24 Ahora me gozo en lo que padezco por vosotros, y cumplo en mi carne lo que falta de las aflicciones de Cristo por su cuerpo, que es la iglesia;

25 de la cual fui hecho ministro, según la administración de Dios que me fue dada para con vosotros, para que anuncie cumplidamente la palabra de Dios,

26 el misterio que había estado oculto desde los siglos y edades, pero que ahora ha sido manifestado a sus santos,

De la Palabra de Dios...

La palabra "ahora" se refiere a lo que habló Pablo en los versículos 21-23. Allí aprendimos acerca de la reconciliación de Cristo con los suyos, la formación de su Cuerpo, la Iglesia, y la situación presente de Pablo en la cárcel.

1. Escribe dos cosas que Pablo está dispuesto a hacer por el pueblo de Dios, y específicamente por los colosenses (v. 24).

   —

   —

   ¿Por causa de quién está dispuesto a sufrir?

2. ¿Cuál es la perspectiva de Pablo sobre su llamado al ministerio (v. 25)?

—

—

3. ¿Cómo describe Pablo lo que él llama "el misterio" (v. 26)?

—

—

...a tu corazón

Pablo no se queja por su sufrimiento. Al contrario, se regocija. Pablo considera el sufrimiento por causa de Cristo como un gran privilegio. Su ejemplo servía para fortalecer la fe de los colosenses y de los creyentes en todas partes. El sufrimiento de Pablo le otorga el derecho de hablarles acerca de sus sufrimientos. Veamos un poco el tema del sufrimiento.

- *El punto de vista de Jesús sobre el sufrimiento.* En virtud de su identificación con Cristo, todos los creyentes experimentarán aflicción. ¿Cuál fue el comentario inicial de Jesús acerca del sufrimiento en Juan 15:20-21?

  ¿Qué podemos aprender en estos versículos acerca de los apóstoles y del sufrimiento por causa de Jesús?

Hechos 5:41

Hechos 9:16

Romanos 8:17

¿Cómo deberías considerar el sufrimiento?

2 Corintios 1:6-7

2 Corintios 4:7-12

Santiago 1:2

1 Pedro 1:6-7.

Después de ver estos versículos sobre el sufrimiento, escribe cómo deberías estimar:

Tu sufrimiento por causa de Cristo

Tu sufrimiento físico

- *Lo que falta de las aflicciones de Cristo.* Esto no significa que haya faltado algo en el valor expiatorio del sacrificio de Cristo. Tampoco quiere decir que tú y yo debamos añadir algo a los méritos del sacrificio de nuestro Señor. Su sacrificio fue perfecto y completo. Lo que significa es que como parte del Cuerpo de Cristo, la Iglesia, debemos ser partícipes del sufrimiento que soportó Cristo en su ministerio terrenal, el cual padecemos ahora como una prolongación de Él. Medita de nuevo en el tema del sufrimiento por causa de Cristo. ¿Debes añadir algo más a tu respuesta?

Respuesta del corazón

El apóstol Pablo consideró su sufrimiento como parte del propósito de Dios. Él lo aceptó gustoso como parte del cumplimiento del gran plan de Dios para su vida. ¿Consideras también el sufrimiento en el mismo contexto amplio, o piensas que su única función es arruinar tus planes? Cuando sufres, ¿te quejas preguntándote por qué yo?

Sí, el sufrimiento es doloroso. Es indudable que preferiríamos no tener que soportarlo. Pero si en este momento estás sufriendo, o si has sufrido en el pasado, pídele a Dios la gracia para ver el cuadro completo, para tener una perspectiva eterna. Pídele que por su gracia te permita "tener por sumo gozo" (Stg. 1:2) el sufrimiento que viene a tu vida. ¡Regocíjate! Dios está obrando, y tú eres partícipe de su plan grande y maravilloso. Sé fiel cuando sufres, sabiendo que te espera, como a todos los santos, la corona de vida (Ap. 2:10).

Lección 7

Entender el misterio

Colosenses 1:27-29

No sé tú, pero yo disfruto con una buena historia de misterio. Mi fascinación por las historias de misterio empezó desde niña con la serie de Nancy Drew. Yo devoraba esos libros. Cada historia me hacía estremecer, mientras leía cómo Nancy buscaba las pistas que al final resolverían el misterio.

El apóstol Pablo, al igual que Nancy Drew, está a punto de revelar un misterio. Él menciona primero el "misterio" en Colosenses 1:26 cuando de manera encubierta habla del secreto que ha estado oculto por tanto tiempo, miles de años para ser exactos. Sigue adelante y descubre el secreto que revela Pablo.

Colosenses 1:27-29

27 a quienes Dios quiso dar a conocer las riquezas de la gloria de este misterio entre los gentiles; que es Cristo en vosotros, la esperanza de gloria,

28 a quien anunciamos, amonestando a todo hombre, y enseñando a todo hombre en toda sabiduría, a fin de presentar perfecto en Cristo Jesús a todo hombre;

29 para lo cual también trabajo, luchando según la potencia de él, la cual actúa poderosamente en mí.

De la Palabra de Dios…

1. Lee de nuevo el versículo 26 en el que Pablo empieza a revelar lo que él llama "el misterio". ¿A quiénes alude Pablo cuando usa la palabra "ellos" en el versículo 27?

2. ¿Cuáles son los elementos de este misterio tal como se describe en el versículo 27?

   Su valor

   Sus destinatarios

   Su significado

   Su resultado

3. Después de explicar que Cristo es el centro del misterio, Pablo prosigue en el versículo 28. ¿Cuáles son los elementos de esta predicación "a todo hombre"?

—

—

—

4. Describe lo que significa para Pablo, y para todo aquel que lleva a cabo esta gran tarea de ayudar al crecimiento de los santos (v. 29).

—

—

—

...a tu corazón

- *Tu entendimiento del misterio.* Tú, al igual que los creyentes colosenses, podrías sentirte un poco desconcertada con el misterio del que habla Pablo. Él no dice mucho. Sin embargo, los colosenses recibirían en poco tiempo más detalles. En Colosenses 4:16, Pablo cuenta a sus lectores que enviará una carta a la ciudad de Laodicea. Los eruditos bíblicos creen que esta carta es el libro de Efesios, que sería enviado entonces a Colosas para ser leído en voz alta. Los creyentes de Éfeso recibirían una explicación más detallada de aquel misterio cuando leyeran la epístola "de Laodicea". Echa un vistazo al capítulo 3 de Efesios para ver lo que dice Pablo acerca de este misterio.

¿Cómo recibió Pablo este misterio (v. 3)?

¿Quién reveló este misterio y a quién fue revelado (v. 5)?

¿Cómo describe Pablo este misterio (v. 6)?

- *Tu relación con Cristo.* La idea de que el Mesías habitaría en medio de su pueblo, los judíos, estaba bien documentada en el Antiguo Testamento. Sin embargo, lo que estaba encubierto como un misterio era que *el Mesías de Israel también habitaría entre los gentiles.* Esta fue una revelación completamente nueva de los propósitos de Dios. La mayoría de iglesias alrededor de Éfeso, incluso las de Laodicea y Colosas, estaban compuestas en su mayoría por gentiles. De manera que estas eran buenas noticias para ellos como creyentes.

  Su tú eres creyente, Cristo mora en ti. ¡Ese es el misterio! ¿Tienes lo que Pablo llama la garantía divina de "la esperanza de gloria" (v. 27)? Describe brevemente tu relación personal con Cristo.

- *Tu responsabilidad con Cristo.* Aquí se describe a Cristo como el centro del mensaje de Dios para el mundo. Este mensaje viene en tres etapas:

  Advertencia. Para amonestar, animar, motivar, implorar. Pablo no era frío e indiferente en su predicación.

Escribe de qué manera mostró Pablo sus emociones cuando ministró:

En Éfeso (Hch. 20:19)

En Corinto (2 Co. 2:4)

En Filipo (Fil. 3:18)

Haz una breve lista de tus actitudes de corazón cuando piensas en comunicar la verdad de Dios a otros. ¿Hay algunas que debes eliminar? ¿Qué actitudes mejores puedes adoptar?

Enseñanza. El cristianismo se basa en el conocimiento, en la doctrina. La doctrina se comunica por medio de la enseñanza, y la característica de ésta es que debe hacerse "en toda sabiduría", la cual viene de Dios. Enseñar puede ser una actividad formal, como en un salón de clases o un estudio bíblico. También puede ser informal, en el contexto de la vida cotidiana. ¿Te ha dotado Dios para enseñar su Palabra en un salón de clases o en un estudio bíblico? Si es así, ¿qué estás haciendo o qué vas a hacer para usar y nutrir este don?

No todo el mundo está capacitado para enseñar de manera formal las verdades de Dios y del evangelio. Sin embargo, todo creyente enseña a otros de manera informal a través de su vida. ¿Cómo describe Pablo la forma en que los corintios enseñaban mediante sus vidas en 2 Corintios 3:3?

Escribe algunas maneras en las que enseñas en este momento por medio de tu vida:

A tu familia.

A tus vecinos.

A tus hermanos en la iglesia.

Discipulado. La meta de la orientación es guiar a otros para que alcancen la madurez espiritual o, como dijo Pablo, "presentar perfecto en Cristo Jesús a todo hombre". Anota cómo describe Pablo este proceso en los siguientes versículos:

Hechos 20:27 (los ancianos de Éfeso)

Filipenses 4:9

Tito 2:3-5

¿Qué otros pasos podrías dar para discipular y aconsejar a los hijos que aún están en casa?

¿Sirves como consejera de otras mujeres? ¿Qué puedes hacer para involucrarte más en este ministerio vital?

Respuesta del corazón

¡El misterio está resuelto! Si Cristo es tu Salvador, su Espíritu mora en ti y tienes la "esperanza de gloria". Vendrá el día en que estarás cara a cara con Cristo, en tu hogar glorioso. Pero entre tanto tienes una gran responsabilidad. Tienes que enseñar y discipular. Como dije antes, esto no significa una tarea formal como pararse en una esquina y predicar el evangelio, o enseñar en un estudio bíblico. Lo que significa es que tu vida puede ser la única Biblia que muchas personas lleguen a leer. Asegúrate de que otros, y tu familia ante todo, puedan ver mediante el ejemplo de tu vida una imagen clara de Jesús, de su gracia y de su poder para transformar vidas.

Lección 8

Alentar el crecimiento de los creyentes

Colosenses 2:1-10

Estoy segura de que te has preocupado por el bienestar de otra persona. ¿Quién no se ha sentido así alguna vez? Tal vez ha sido por un esposo que está participando en una guerra en un lugar lejano. O por un hijo que pelea otro tipo de batalla en una universidad lejos de casa. Respecto al primero, te preocupa su seguridad física. Y respecto al otro, no solamente su seguridad física, sino la estabilidad espiritual de un hijo que enfrenta un mundo lleno de furia. Pues bien, Pablo también muestra su preocupación cuando escribe a un grupo de personas en la pequeña ciudad de Colosas, a pesar del hecho de que nunca los ha conocido personalmente.

¿Qué haces cuando te preocupas por alguien que está lejos? Obviamente, la oración es el punto de partida. ¿Y qué sigue después? Puedes escribir una carta y ofrecer aliento. Eso es precisamente lo que hace Pablo. Primero dice a los colosenses que ora sin cesar por ellos (1:9). Y luego les comunica sus preocupaciones respecto a su crecimiento. Mira cómo Pablo nos muestra que una palabra de aliento ayuda a comunicar más fácilmente cualquier advertencia, exhortación o preocupación.

Colosenses 2:1-10

1 Porque quiero que sepáis cuán gran lucha sostengo por vosotros, y por los que están en Laodicea, y por todos los que nunca han visto mi rostro;

2 para que sean consolados sus corazones, unidos en amor, hasta alcanzar todas las riquezas de pleno entendimiento, a fin de conocer el misterio de Dios el Padre, y de Cristo,

3 en quien están escondidos todos los tesoros de la sabiduría y del conocimiento.

4 Y esto lo digo para que nadie os engañe con palabras persuasivas.

5 Porque aunque estoy ausente en cuerpo, no obstante en espíritu estoy con vosotros, gozándome y mirando vuestro buen orden y la firmeza de vuestra fe en Cristo.

6 Por tanto, de la manera que habéis recibido al Señor Jesucristo, andad en él;

7 arraigados y sobreedificados en él, y confirmados en la fe, así como habéis sido enseñados, abundando en acciones de gracias.

8 Mirad que nadie os engañe por medio de filosofías y huecas sutilezas, según las tradiciones de los hombres, conforme a los rudimentos del mundo, y no según Cristo.

9 Porque en él habita corporalmente toda la plenitud de la Deidad,

10 y vosotros estáis completos en él, que es la cabeza de todo principado y potestad.

De la Palabra de Dios…

Aunque en nuestras Biblias hay una separación de capítulos, la última idea de Colosenses capítulo 1 se conecta con la palabra "porque" de Colosenses 2:1.

1. *El corazón de Pablo.* ¿Qué palabra en 1:29 podría complementar la frase "gran lucha" que usa Pablo en 2:1?

   ¿Cuáles son los grupos de personas que preocupan a Pablo (2:1)?

   ¿Qué tres cosas dice Pablo, en oración, para alentar sus corazones (2:2)?

   —

   —

   —

   ¿Cuáles son las dos partes del misterio de Dios (2:2)?

   ¿Cómo se describe a Cristo (v. 3)?

2. *La alabanza de Pablo.* No todo es preocupación e inquietud. Pablo está muy contento por la madurez de los colosenses. ¿Por qué motivos los alaba en el versículo 5?

   ¿Y en los versículos 6-7?

3. *La advertencia de Pablo*. Con todo, los informes de maestros y enseñanzas herejes son un gran motivo de preocupación para el apóstol. ¿Cuáles son sus palabras de advertencia en el versículo 4?

   ¿Y en el versículo 8?

   ¿En qué se basa esta falsa enseñanza?

   —

   —

   ¿En qué no se basa?

4. *El enfoque de Pablo*. El apóstol ha mencionado una y otra vez a Cristo como la protección contra esta falsa enseñanza. Haz una lista de la descripción que Pablo ha hecho, hasta ahora, de Cristo en toda su gloria:

   1:15

   1:16

   1:17

   1:18

   2:3

2:9

2:10

...a tu corazón

- *Aliento para tu corazón.* Lee de nuevo 2:1-3. Tu corazón es el centro de operaciones de tus sentimientos, de tu fe, y también la fuente primaria de tus palabras y acciones. Cuando tu corazón está en unidad con otros creyentes y experimenta madurez espiritual, tendrás la capacidad de discernir entre la verdad y el error. Mira de nuevo la sección anterior sobre "el enfoque de Pablo". ¿Cómo alientan hoy tu corazón estos atributos de Cristo?

- *La búsqueda del tesoro de Dios.* Lee de nuevo 2:2-3. Pablo ya ha explicado que el misterio que ha estado oculto no es otro sino que Cristo mora en los creyentes, sean judíos o gentiles (1:27). Ahora Pablo desea que sus lectores adquieran un conocimiento más profundo de las cosas divinas, un misterio que no es inalcanzable. Sin embargo, encontrar este tesoro oculto de la sabiduría y el conocimiento requerirá un esfuerzo continuo. ¿Cuánto esfuerzo dedicas en el presente a buscar el tesoro que Dios ofrece? ¿Qué otro esfuerzo debes realizar para alcanzarlo?

- *La vida arraigada en Cristo.* A nuestra relación continua con Cristo, Pablo la denomina un "andar" (v. 6). Busca los siguientes pasajes y escribe cómo esta unión con Cristo debe manifestarse cada día de tu vida:

Colosenses 1:10

Colosenses 4:5

Romanos 6:4

Romanos 8:1, 4

Efesios 2:10

Pablo compara esta unión vital con Cristo con el hecho de estar *arraigados* en Cristo como una planta, o *sobreedificados* como las piedras de un edificio, o "*confirmados* en la fe" (v. 7). Con los mismos términos en mente, anota algunos cambios que debes realizar en tu andar con Cristo.

- *La suficiencia de Cristo.* Lee de nuevo el versículo 4. Lee después los versículos 8-10. En el versículo 8 Pablo reitera su advertencia del versículo 4 con una pequeña variación. Advierte que no debemos dejarnos llevar por enseñanzas que nos alejen de Cristo. Él suplirá todas nuestras necesidades, porque en Él habita la plenitud de la Deidad, y Él es el supremo soberano de todos. ¿Qué más puedes hacer para garantizar que tus ojos estén puestos en Cristo?

Respuesta del corazón

¿Puedes recordar tu desesperanza y cómo era tu vida antes de Cristo? Pablo describe ese período de tu vida como "la potestad de las tinieblas" (1:13). Estoy segura de que también piensas que fue lo peor. Eras esclava de Satanás y de sus mentiras mundanas. ¡Pero alabado sea Dios que te libró! Te trasladó a la luz y te puso en el reino de su Hijo. Ahora quisiera preguntarte: ¿Por qué razón querrías volver a las mismas mentiras absurdas, humanas y satánicas? ¡Ten cuidado! ¡Pon mucha atención! No te dejes engañar por las artimañas del diablo. Mantén tu mira en Cristo. Sigue deleitándote en la luz de su gracia. Él es todo lo que necesitas y necesitarás. Y ya ha demostrado su poder para salvarte. Deja que Él manifieste su poder permitiéndole guiar tu vida. Y como aconsejó Pablo, camina en Él y con Él.

Lección 9

Descripción de la nueva vida

Colosenses 2:11-15

Ser abuelos es una experiencia increíble. Jim y yo hemos tenido el privilegio de estar presentes antes o justo después del nacimiento de nuestros ocho nietos. Disfrutar el privilegio de sostener en brazos a cada uno de estos pequeños y ver una nueva vida es algo increíble. ¡El milagro del nacimiento físico nunca deja de asombrarnos! Pero un milagro incluso más grande es el de la nueva vida en Jesucristo. La vida física empieza en la concepción, pero para experimentar el milagro del "nuevo nacimiento" debemos ser resucitados de la muerte espiritual. Sigue tu lectura y la descripción de Pablo de lo que sucede en una persona cuando, por la gracia de Dios, recibe vida en Cristo.

Colosenses 2:11-15

11 En él también fuisteis circuncidados con
circuncisión no hecha a mano, al echar de
vosotros el cuerpo pecaminoso carnal, en la
circuncisión de Cristo;

12 sepultados con él en el bautismo, en el cual
fuisteis también resucitados con él, mediante
la fe en el poder de Dios que le levantó de
los muertos.

13 Y a vosotros, estando muertos en pecados y
en la incircuncisión de vuestra carne, os dio
vida juntamente con él, perdonándoos todos
los pecados,

14 anulando el acta de los decretos que había
contra nosotros, que nos era contraria, qui-
tándola de en medio y clavándola en la cruz,

15 y despojando a los principados y a las potes-
tades, los exhibió públicamente, triunfando
sobre ellos en la cruz.

De la Palabra de Dios...

1. En el versículo 11 Pablo continúa su enfoque en la supremacía de Cristo que empezó en 2:5. A manera de revisión, lee de nuevo los versículos 5-10 y describe tu relación con Cristo.

   Versículo 5: ___________ "en Cristo"

   Versículo 6: ___________ y _________ "en Él"

   Versículo 10: ___________ "en Él"

2. Ahora, empezando en el versículo 10, examina en detalle tu relación con Cristo.

Versículo 11: "En Él" también fuisteis ________________ con ________________ no hecha a mano

Versículo 12: ________________ "con Él en el bautismo", y ________________ "con Él, mediante la fe"

Versículo 13: Os dio ________________ juntamente "con Él", perdonándoos ____________________

3. Describe lo que abarca el proceso mediante el cual una persona es perdonada (v. 13).

   ¿Qué medida de pecado es perdonado?

   ¿Qué es "anulado" o "quitado" y por qué (v. 14)?

   ¿A dónde fue llevada esta "acta de los decretos" contra nosotros (v. 14)?

4. El perdón también significa que somos rescatados de la potestad de las tinieblas. ¿Por qué ya no debes temer a las huestes del mal (v. 15)?

...a tu corazón

- *Tu vida nueva ilustrada.* Lee 2:11-12. Pablo empieza a exponer algunas de sus preocupaciones respecto a los falsos maestros. Estos maestros enseñaban que los creyentes gentiles debían cumplir con las prácticas y los rituales judíos. Pablo dice a los colosenses que, a diferencia de la práctica judía de la circuncisión *física*, la de ellos era de carácter *espiritual*. Asimismo, que su bautismo y conversión era una identificación espiritual con la muerte y resurrección de su Salvador. Ellos no necesitaban una herejía llena de rituales y prácticas. Lo único que necesitaban era a Cristo. Él hacía su obra plena en ellos (2:10). El bautismo constituye una excelente ilustración de lo que ocurre cuando pasamos de la vida vieja a la nueva. Tu antigua vida de pecado queda muerta y sepultada, y eres levantada con Cristo para una vida nueva. Describe una acción reciente que demuestra que tienes una "nueva vida" en Cristo.

- *La iniciación a tu nueva vida*. Lee el versículo 13. Los colosenses estaban muertos espiritualmente no porque habían faltado a la iniciación en la religión judía y sus rituales, sino por causa de su naturaleza pecaminosa, *su carne*. ¿Cómo describe Pablo esta naturaleza pecaminosa en Efesios 2:1-4?

  Muertos en __________ y ____________

  ¿Quién era nuestro príncipe (v. 2)?

  ¿Cómo nos conducíamos (v. 3)?

  ¿Qué demostración de la naturaleza de Dios nos libró de la ira (v. 4)?

Lee Colosenses 2:13. ¿Qué sucede cuando un creyente que es culpable recibe vida en Cristo?

La muerte de Cristo por nosotros hace posible que un Juez santo, que es Dios, perdone a aquellos que por la fe ponen su confianza en Cristo. ¿Cómo describen estos versículos los resultados de este perdón?

Colosenses 1:14

Colosenses 1:21-22

Romanos 3:24

Romanos 5:1

Antes de creer en Cristo, tu naturaleza era maligna. Incluso en tu mejor día era imposible agradar a Dios en su naturaleza de santidad. Pero con Cristo has iniciado una nueva vida con una nueva naturaleza. Ya no estás bajo la potestad del pecado. ¡Eres libre en Cristo! ¿Podrías mencionar una situación reciente en la que se haya manifestado tu nueva naturaleza, un momento en el que te hayas percatado del poder de Cristo en tu vida? Anota algunos sucesos aquí y da gracias a Dios por la nueva vida en Cristo.

- *Tu nueva vida confirmada*. Lee el versículo 14. Tú puedes disfrutar tu nueva vida porque te has hecho partícipe de Cristo en su muerte y resurrección. Cuando crucificaban a una persona, la costumbre romana era clavar encima de ella, en la cruz, una lista de los delitos que había cometido. Lee Juan 19:17-22. ¿Cuál fue el delito que Jesús cometió?

Cristo confirmó su perdón hacia ti al cancelar el acta de los decretos que había contra ti tomando la lista de tus pecados y clavándola en la cruz. ¡Tu deuda fue cancelada por completo! Escribe varias maneras en las que puedes vivir esta libertad.

- *Tu nueva vida protegida.* Lee el versículo 15. La muerte de Cristo en la cruz no solo pagó tu deuda ante Dios, sino que significó el triunfo sobre "los principados y las potestades". Las fuerzas del mal ya no tienen poder alguno sobre ti como creyente porque Cristo las ha despojado. Describe una vez más lo que sucedió según Colosenses 1:13.

  ¿Cómo describe Pedro lo que sucedió con el triunfo de Cristo en la cruz en 1 Pedro 3:18?

  La victoria presente de Cristo sobre las fuerzas espirituales de las tinieblas es la garantía de la victoria final futura. Con la victoria asegurada ¿cómo debes ver el futuro? ¿Hay actitudes que debes cambiar?

Respuesta del corazón

Echa un vistazo a tu alrededor. Muchas personas buscan vida y sentido, pero sin Cristo nunca experimentarán una vida de verdad, vida en Él. Están muertos espiritualmente. Tienen un vacío que sólo Dios puede llenar, y buscan satisfacción en un sinnúmero de lugares equivocados. Sin vida en Cristo, las personas deambulan por días y años sin esperanza. Pero alabado sea Dios que cuando Cristo viene a tu vida llena ese vacío y convierte la muerte en vida. La vida adquiere un nuevo significado. ¡Estás satisfecha! Y además, tu nueva vida tiene posibilidades ilimitadas. Dios ha hecho morada en tu corazón y en tu mente. Eres una nueva persona. Las cosas viejas pasaron (2 Co. 5:17). Disfruta tu nueva vida y toda su potencialidad.

- Vive con más amor. El amor de Cristo se apodera de ti (2 Co. 5:14).
- Vive con más gozo. El gozo del Señor es tu fortaleza (Neh. 8:10).
- Vive con más generosidad. Da con liberalidad (2 Co. 9:7).
- Vive con más confianza. Dios suplirá todas tus necesidades conforme a sus riquezas en gloria (Fil. 4:19).
- Vive con más fortaleza. Todo lo puedo en Cristo que me fortalece (Fil. 4:13).
- Vive con más determinación. En Él es tu "sí" y tu "amén" (2 Co. 1:20).

Lección 10

Permanecer unido al poder divino

Colosenses 2:16-23

Hace poco Jim y yo empezamos a preparar un viaje que duraría varias semanas. Ya hemos hecho viajes largos antes, de manera que hay cosas que hacemos como parte de nuestra preparación rutinaria. Una de las tareas más importantes que hace Jim es conectar un cargador de batería portátil por si nuestro auto no arranca después de pasar varias semanas en el estacionamiento del aeropuerto. Cuando entré en el garaje me di cuenta de que el cargador no estaba conectado, así que le pregunté a Jim al respecto. Él me aseguró que había conectado el cable al cargador; pero después de revisar otra vez, nos dimos cuenta de que el cable estaba conectado solamente al cargador, pero no a la toma de corriente de la pared. Como el cargador no recibía energía eléctrica, no cargaba, y en esas condiciones era inservible. Tu vida cristiana se parece mucho a nuestro cargador de batería. Cuando no estás conectada a Jesús, que es la fuente de poder, no tendrás la fuerza para experimentar una vida cristiana victoriosa.

Colosenses 2:16-23

16 Por tanto, nadie os juzgue en comida o en
bebida, o en cuanto a días de fiesta, luna
nueva o días de reposo,

17 todo lo cual es sombra de lo que ha de venir;
pero el cuerpo es de Cristo.

18 Nadie os prive de vuestro premio, afectando
humildad y culto a los ángeles, entremetién-
dose en lo que no ha visto, vanamente hin-
chado por su propia mente carnal,

19 y no asiéndose de la Cabeza, en virtud de
quien todo el cuerpo, nutriéndose y unién-
dose por las coyunturas y ligamentos, crece
con el crecimiento que da Dios.

20 Pues si habéis muerto con Cristo en cuanto
a los rudimentos del mundo, ¿por qué, como
si vivieseis en el mundo, os sometéis a pre-
ceptos

21 tales como: No manejes, ni gustes, ni aun
toques

22 (en conformidad a mandamientos y doctrinas
de hombres), cosas que todas se destruyen
con el uso?

23 Tales cosas tienen a la verdad cierta repu-
tación de sabiduría en culto voluntario, en
humildad y en duro trato del cuerpo; pero
no tienen valor alguno contra los apetitos de
la carne.

De la Palabra de Dios…

Pablo está llegando al punto culminante de su argumento, en el cual exhorta a sus lectores a no dejarse seducir por las doctrinas de hombres que carecen de valor espiritual.

1. Revisa de nuevo las preocupaciones de Pablo. Fíjate en su advertencia del versículo 2:4.

   ¿Cómo describe Pablo lo que podría "engañar" a los colosenses según 2:8?

2. Cristo obtuvo una victoria decisiva en la cruz (v. 15). ¿A qué no deben temer sus lectores según Pablo (2:16)?

3. En lugar de condenarlos por estas prácticas, Pablo las describe como ________________ de cosas por venir (v. 17). ¿Quién es el que ha de venir (v. 17)?

4. ¿Cómo describe Pablo a aquellos que "engañarían" o privarían a los creyentes de las bendiciones que Dios les había preparado (v. 18)?

5. ¿Cuál es el problema fundamental de estos falsos maestros (v. 19)?

¿Qué sucederá finalmente al que vive unido a la "Cabeza"?

Este crecimiento no viene del mundo ni de la carne, sino ¿de quién?

6. Ahora Pablo trata el problema de someterse a las prácticas religiosas austeras que buscan alcanzar la santidad (vv. 20-23). ¿Qué pregunta Pablo a sus lectores (v. 20)?

   ¿De qué tratan estos preceptos (v. 21)?

   ¿Cuán provechosos son estos preceptos de hombres (v. 22)?

   ¿Qué dos actividades forman parte de este sistema religioso autoimpuesto (v. 23)?

   ¿Qué valor tienen estas prácticas en la vida de santidad (v. 23)?

...a tu corazón

- *Poner la mira en Cristo* (vv. 16-17). Una sombra carece de valor aparte del objeto al que representa. Pablo dijo a los colosenses acerca de no permitir que alguien los convenza de que la ley judía y sus prácticas tienen valor alguno aparte de su conexión con Cristo, el cual fue el cumplimiento final de la ley. En los siguientes versículos, ¿cómo explica Pablo la relación entre Cristo, tú, y la ley?

Romanos 3:27-28

Romanos 7:4

Romanos 10:4

Gálatas 3:24

Romanos 3:31

- *Poner la mira en el premio divino* (vv. 18-19). Pablo advierte a los colosenses acerca de no dejar que los falsos maestros, con su falsa humildad, introduzcan enseñanzas que los desvíen de Cristo y de su gracia. Este desvío los despojaría de sus bendiciones por estar sometidos al "sistema de las obras" y no al "sistema de la gracia" de Dios. Escribe cómo explican estos versículos a lo que Pablo se refería cuando habló de un premio o recompensa:

1 Corintios 3:10-15

Filipenses 3:14, 20-21

1 Juan 3:2-3

La falsa humildad lleva a centrarse en sí mismo, mientras que la verdadera humildad se centra en Dios. La verdadera humildad viene cuando ponemos la mira en Cristo y en su gracia en nuestra vida. Si experimentas algún tipo de éxito en tu vida personal, en tu ministerio eclesial, o en tu vida familiar, ¿a quién le corresponde el mérito, y por qué?

- *Confiar en el plan de Dios* (vv. 20-23). Un sistema religioso centrado en el hombre afirma que para alcanzar a Dios es necesario demostrar cierta medida de buenas obras. Cada religión determina dicha medida. Solo el cristianismo se centra en Dios. De acuerdo con los siguientes versículos, ¿qué significa la verdadera salvación?

  Romanos 3:23-24

  Gálatas 3:16

  Efesios 2:8-9

El plan de Dios es sencillo: pon tu fe en Cristo y Él hará lo demás. Pablo dijo que cualquier esfuerzo humano es "vano". Nadie puede llegar a Dios en sus propias fuerzas. Si tú has puesto tu confianza en Cristo, ¡eleva una oración de alabanza por su gracia maravillosa!

Respuesta del corazón

Lo que Pablo quiere mostrarnos es que Cristo es lo único que necesitamos para la salvación y el crecimiento espiritual. Las actividades humanas tienen buena reputación y hacen sentir mejor a las personas, al menos por un rato, pero carecen de valor ante Dios. Lo único que vale es tu conexión con Cristo.

Jesús dijo: "Separados de mí nada podéis hacer" (Jn. 15:5). Si estás unida a Cristo y pones tu mira en Él, su vida y su energía te capacitarán para crecer espiritualmente de manera asombrosa.

¿Cómo te encuentras hoy? ¿Eres más madura hoy de lo que eras ayer, o la semana pasada, o el año pasado? Si no estás experimentando crecimiento y victoria, examina tu conexión con Cristo, la fuente de todo poder. Recuerda que cuanto más estrecha sea tu conexión, mayor será el crecimiento. Y si estás desconectada y has perdido el impulso y la dirección, conéctate de nuevo a Jesús. Solo tienes que orar. ¡Hazlo ahora mismo!

Lección 11

Poner tu corazón en lo celestial

Colosenses 3:1-4

Vivimos el mejor momento de la historia de la humanidad. La salud y la prosperidad están presentes en muchos países del mundo. Por supuesto que todos conocemos excepciones, y muchas organizaciones se esfuerzan por cambiar esta situación. Sin embargo, en la mayoría de países occidentales somos bendecidos con abundancia. Esto es bueno y malo a la vez. Es bueno en el sentido de que tenemos suficiente alimento, ropa para el invierno y un lugar donde vivir. Esto es positivo. Pero el lado negativo es que nuestra abundancia alimenta la mundanalidad. Nos hace poner nuestro corazón en todas las "cosas" que poseemos, usamos, o deseamos. Nuestros garajes están llenos de cosas como estas. ¡Incluso rentamos almacenes para guardar todas las cosas que no caben en nuestros garajes! ¿Puedes creer que el apóstol Pablo trató este mismo problema en su carta a los colosenses?

Escuchemos el consejo que ofrece Pablo acerca del lugar donde debemos poner nuestro corazón.

Colosenses 3:1-4

1 Si, pues, habéis resucitado con Cristo, buscad las cosas de arriba, donde está Cristo sentado a la diestra de Dios.

2 Poned la mira en las cosas de arriba, no en las de la tierra.

3 Porque habéis muerto, y vuestra vida está escondida con Cristo en Dios.

4 Cuando Cristo, vuestra vida, se manifieste, entonces vosotros también seréis manifestados con él en gloria.

De la Palabra de Dios…

El apóstol Pablo escribe de manera lógica a las diferentes iglesias e individuos. Como en sus otras epístolas, Pablo establece una base teológica sólida en los capítulos 1 y 2. También se propuso denunciar a los falsos maestros y sus enseñanzas heréticas. Ahora, en Colosenses 3:1-4, Pablo empieza su transición hacia aspectos más prácticos. Los herejes que acaba de mencionar han puesto su corazón en las cosas terrenales, como la fama y la fortuna. Pablo señala, por el contrario, que los cristianos deben ir en otra dirección si desean experimentar una vida de santidad.

1. ¿Cuáles son los dos sucesos en los que se identifican los colosenses con Cristo, según les recordó ya Pablo?

Colosenses 2:12

Colosenses 2:20

Como resultado, los colosenses deben alejarse del mundo y sus prácticas. Pero Pablo no solo les advierte acerca de lo malo, sino que también les señala el aspecto positivo.

2. Según Pablo ¿cuál es el suceso maravilloso del que participan los creyentes juntamente con Cristo (3:1)?

3. ¿Cuáles son las dos actividades en las que participamos como creyentes según los versículos 1 y 2?

—

—

¿Cuál es la opción contraria (v. 2)?

Para asegurarnos de no pasarlo por alto, ¿cómo se describe el cielo (v. 1)?

4. ¿Cuáles son las razones por las cuales debemos tener esta perspectiva celestial?

   Versículo 3

   Versículo 4

...a tu corazón

Pablo ha pasado a otra página en su carta. Después de establecer el fundamento teológico para una vida santa en los capítulos 1 y 2, ahora empieza a describir cómo ha de manifestarse esa vida santa. Empieza diciendo "Si, pues". La expresión no sugiere duda, sino la afirmación de algunos hechos acerca de los creyentes en Colosas.

- *El centro de nuestro corazón* (3:1-2). ¿Qué actividades espirituales nos llevan a buscar las cosas de arriba?

  Dios sabe que la mente es la entrada a nuestro corazón. ¿Qué está implícito en el hecho de poner tu mente en las cosas de arriba (Ro. 12:2)?

  ¿Qué pasos puedes dar para volver tu corazón hacia la dirección correcta, es decir, hacia lo celestial?

- *La persona en el centro de nuestro corazón* (3:3-4). ¿Qué razones hay para tener una perspectiva celestial según el versículo 3?

Así como Cristo está escondido de todos excepto de aquellos que tienen ojos de fe, tu nueva vida espiritual en Cristo tampoco puede ser vista. Sin embargo, esto no significa que debas quedarte callada respecto a Cristo o mantener en secreto tu verdadera identidad. ¿Qué dijo Jesús en Mateo 5:16?

Lee Juan 16:33. Aquí Jesús dice a sus discípulos que en este mundo tendrán aflicción. Según Colosenses 3:4 ¿qué les aseguró cuando dijo eso (Jn. 16:33)?

Según Colosenses 3:4 ¿cuál es nuestra esperanza en este mundo con sus pruebas y aflicciones?

¿Qué aliento para el presente y qué esperanza para el futuro puedes tener al saber que Cristo vendrá por ti?

Respuesta del corazón

¡Estos cuatro versículos rebosan de esperanza y aliento! Cuando te das cuenta de que, por la gracia de Dios, eres una nueva creación y has muerto a la vida vieja (2 Co. 5:17), tu perspectiva y tus actitudes deben cambiar. Pero, por desgracia, el viejo yo no se da por vencido fácilmente. Por eso la Biblia nos manda: "buscad", "poned". Tu vida es diferente en Cristo. Por eso debes actuar como lo que eres realmente: una creyente en Él. Jesús dijo: "Porque donde esté vuestro tesoro, allí estará también vuestro corazón" (Mt. 6:21). Al comprender que ahora Cristo es tu vida, puedes tener una nueva actitud. Tu corazón no solo se proyecta en sentido horizontal (hacia este mundo), sino hacia lo vertical (las cosas de arriba). Así pues, pase lo que pase, puedes saber, creer, y confiar que Cristo es tu vida, tanto en el presente activo y difícil ¡como en su venida cuando regrese para llevarte a tu hogar en la gloria!

Lección 12

Despojarse de la vieja vida

Colosenses 3:5-9

Hace varios años invité a las jóvenes universitarias de mi iglesia a una tarde de compañerismo y a comer el famoso chili con carne de mi madre. Llovió a cántaros todo el día. Pero como nuestra casa estaba en un lugar alto y seco, supuse que las jóvenes lograrían llegar. Cuando se acercaba la hora del encuentro, recibí una llamada. La camioneta donde venían estaba atascada en un arroyo que se había desbordado cerca de nuestra casa. Jim llamó de inmediato a un amigo que tenía un cabrestante en su camión, y fueron a toda prisa al arroyo crecido y sacaron la camioneta con las siete jovencitas en su interior. Cuando las jóvenes llegaron a salvo a la casa, estaban empapadas. Las hice pasar y les di todas las batas y pijamas que tenía para que se cambiaran su ropa mojada. Mientras ponía su ropa en la secadora, nos sentamos junto al fuego, tomamos chocolate caliente, comimos chili, y dimos gracias a Dios por protegerlas de las aguas embravecidas.

Pues bien, el apóstol Pablo insta a los creyentes colosenses a hacer lo mismo. Les pide que se despojen de sus viejos hábitos y pecados. En la siguiente sección descubriremos lo que según él deben ponerse.

Colosenses 3:5-9

5 Haced morir, pues, lo terrenal en vosotros: fornicación, impureza, pasiones desordenadas, malos deseos y avaricia, que es idolatría;

6 cosas por las cuales la ira de Dios viene sobre los hijos de desobediencia,

7 en las cuales vosotros también anduvisteis en otro tiempo cuando vivíais en ellas.

8 Pero ahora dejad también vosotros todas estas cosas: ira, enojo, malicia, blasfemia, palabras deshonestas de vuestra boca.

9 No mintáis los unos a los otros, habiéndoos despojado del viejo hombre con sus hechos,

De la Palabra de Dios…

Pablo dice que nosotras vivimos en dos mundos, el "ahora" y el "por venir", el presente y la eternidad. Cuando te haces cristiana, mueres a la vieja vida y al control del pecado sobre tu vida, y experimentas la nueva vida en Cristo (3:3). Ese es un acontecimiento que ocurre una sola vez y que tiene consecuencias eternas (que dan cuenta del "por venir"). Sin embargo, también vives en el "ahora", en el presente. Por lo tanto, debes enfrentar a cada instante los efectos latentes de tu antigua vida. Debes "hacer morir" continuamente la tentación de pecar que es un residuo de la vieja vida. La buena noticia es que cuentas con todos los recursos para enfrentar al "viejo hombre con sus hechos".

1. ¿Qué hechos de tu cuerpo terrenal debes "hacer morir" (v. 5)?

Anota los primeros hechos externos de pecado sexual y una breve definición de cada uno. Si lo deseas puedes usar un diccionario.

—

—

Ahora anota las tres motivaciones internas que llevan a pecar, y una breve definición de cada una.

—

—

—

¿Cómo define Pablo este último hecho?

2. ¿Qué dice Pablo que sucede a quienes practican continuamente estos pecados (v. 6)?

3. ¿Qué dice Pablo acerca de la vieja vida de los colosenses (v. 7)?

4. Ha ocurrido un cambio, y los colosenses y todos los creyentes no solo deben despojarse de los pecados mencionados en el versículo 5, sino también de seis pecados de la lengua (vv. 8-9). Anótalos aquí, junto con una breve definición de cada uno.

—

—

—

—

—

—

...a tu corazón

Aunque los creyentes en Colosas habían sido rescatados de las perversas culturas griega y romana, aún vivían en ellas. Pablo se había enterado de sus luchas no solo con los falsos maestros, sino también con las diversas tentaciones de su sociedad. La imagen que usa Pablo de lo que los colosenses (y nosotras) debemos hacer para desechar las prácticas pecaminosas del pecado (3:5, 8-9) es la de despojarse de ropa sucia.

- *Cómo tratar con aquellos que siguen en desobediencia* (3:5, 8-9)

Vuelve a leer estas dos listas. ¿Qué les ocurre a aquellos que persisten en estos pecados (v. 6)?

En otras cartas, Pablo enumera pecados que solían formar parte del pasado de sus lectores. Lee cada una de las siguientes listas y escribe el resultado de aquellos que no han querido arrepentirse.

Pecados citados en Romanos 1:29-31

Resultado en Romanos 2:8-9

Pecados citados en 1 Corintios 6:9-10

Resultado en el versículo 10

Pecados citados en Gálatas 5:19-21

Resultado en el versículo 21

- *Dejar las prácticas del pasado* (3:5, 8-9)

¿Qué cambios positivos has notado en tu vida? O, dicho de otra manera, ¿cómo has cambiado y crecido espiritualmente al buscar "despojarte" del comportamiento equivocado y "vestirte" de piedad? No olvides dar gracias a Dios por la gracia que has recibido para realizar estos cambios.

Respuesta del corazón

¡Tenemos un Dios grande! Sea cual sea tu pasado, Él ya se ha ocupado de él (Sal. 103:12) a través de la muerte de Jesús en la cruz (Ef. 2:13). Dios ha provisto su gracia maravillosa. Ahora tú tienes la responsabilidad de hacer tu parte: ¡despojarte de tu pasado y vivir tu nueva vida!

Lección 13

Revestirse de la nueva vida

Colosenses 3:10-17

Estoy segura de que has oído la expresión "el hábito hace al monje". Durante siglos, la forma de vestir ha revelado la afiliación social y religiosa, y la condición económica de una persona. Sin embargo, en nuestra sociedad actual cada vez más informal, resulta más difícil predecir la condición social o económica de las personas simplemente por su forma de vestir. Hace varias semanas, mientras Jim y yo esperábamos abordar un avión, observé a un caballero más bien "desaliñado" que también se dirigía al mismo avión. Me preguntaba si tenía los medios para pagar un boleto de avión.

¡Cuál fue mi sorpresa cuando entró con los pasajeros de primera clase! Eso me enseñó una gran lección: ¡nunca juzgues a una persona por lo que lleva puesto!

Pablo prosigue de nuevo su enseñanza a sus amigos en Colosas sirviéndose del lenguaje del vestuario. En Colosenses 3:8 Pablo les instó (¡y también a nosotras!) a despojarse de la vieja vida con todos sus pecados de la lengua, y a hacerlo tal como nos despojaríamos de ropa contaminada. Ahora él nos insta a "revestirnos" de un nuevo ropaje que revelará apropiadamente nuestro nuevo carácter en Cristo.

Colosenses 3:10-17

10 y revestido del nuevo, el cual conforme a la imagen del que lo creó se va renovando hasta el conocimiento pleno,

11 donde no hay griego ni judío, circuncisión ni incircuncisión, bárbaro ni escita, siervo ni libre, sino que Cristo es el todo, y en todos.

12 Vestíos, pues, como escogidos de Dios, santos y amados, de entrañable misericordia, de benignidad, de humildad, de mansedumbre, de paciencia;

13 soportándoos unos a otros, y perdonándoos unos a otros si alguno tuviere queja contra otro. De la manera que Cristo os perdonó, así también hacedlo vosotros.

14 Y sobre todas estas cosas vestíos de amor, que es el vínculo perfecto.

15 Y la paz de Dios gobierne en vuestros corazones, a la que asimismo fuisteis llamados en un solo cuerpo; y sed agradecidos.

16 La palabra de Cristo more en abundancia en vosotros, enseñándoos y exhortándoos unos a otros en toda sabiduría, cantando con gracia en vuestros corazones al Señor con salmos e himnos y cánticos espirituales.

17 Y todo lo que hacéis, sea de palabra o de hecho, hacedlo todo en el nombre del Señor Jesús, dando gracias a Dios Padre por medio de él.

De la Palabra de Dios...

Pablo ya ha establecido que si eres cristiana estás sepultada con Cristo a la vieja vida, y has resucitado con Él a una nueva vida (2:12). Te has despojado del viejo hombre (3:9).

1. ¿Qué te enseñan estos versículos acerca de lo que has hecho y puedes seguir haciendo cada vez que debes tratar con pecados arraigados en tu vida?

   Romanos 13:14

   Gálatas 3:27

   Efesios 4:24

   Efesios 6:11

2. Según los siguientes versículos de Colosenses 3, ¿qué dice Pablo acerca del nuevo hombre, o de la nueva persona?

   Versículo 10. Describe al nuevo hombre.

   Versículo 11. ¿Debe haber distinción entre creyentes? Si no, ¿por qué?

   Versículo 12. ¿Cuáles son cinco actitudes piadosas que debe mostrar un cristiano?

   — —

   — —

   —

Versículo 13. ¿Cuáles son otras dos prácticas más de las que debe "revestirse" el nuevo hombre y por qué?

—

—

Versículo 14. ¿Qué cualidad esencial debe poseer el nuevo hombre, y cómo se la describe?

Versículo 15. ¿Cuáles son otras dos cualidades más del nuevo hombre mencionadas aquí?

—

—

Versículo 16. ¿En qué medida debe morar la Palabra de Dios en este nuevo hombre?

¿Cómo debe alcanzar a otros la Palabra de Cristo (v. 16a)?

¿Cómo debe afectarnos la Palabra de Dios en nuestra vida personal y espiritual (v. 16b)?

Versículo 17. ¿Cuál debe ser el propósito de nuestras palabras y de nuestras acciones, y con qué actitudes debemos vivir?

...a tu corazón

Un cristiano debe revestirse de una nueva manera de vivir. Pero esta nueva naturaleza necesita renovarse constantemente a fin de conservar la victoria sobre el pecado. En los siguientes versículos ¿cómo expresa Pablo esta idea de renovación continua?

2 Corintios 4:16

Romanos 12:2

Efesios 4:23

Según Colosenses 3:10 ¿cuál es la meta de este proceso de renovación?

¿Cómo se manifiesta el carácter semejante a Cristo? Sigue adelante con tu lectura.

- *No conoce distinciones* (v. 11). El creyente lleno del Espíritu no conoce barreras sociales ni raciales en la iglesia. Todas las diferencias desaparecen y se transforman por la gracia y el poder de Dios en virtud de nuestra unión con Cristo. Esta unión produce unidad en la iglesia. Menciona algo que hayas hecho o que podrías hacer para promover una mayor unidad en tu iglesia.

- *Tiene un corazón compasivo* (vv. 12-13). La palabra "escogidos" significa "elegidos de Dios". El favor inmerecido de Dios, su gracia, ha hecho manifiesta su compasión y ha apartado a aquellos a quienes ha concedido su amor. Pablo insta a los creyentes a extender la gracia y la misericordia de Dios a otros. Y esta actitud debe perdurar hasta el punto en que podamos soportarnos y perdonarnos unos a otros.

Elige una de las siguientes actitudes que debes mejorar y anota una cosa que harás de inmediato para mejorarla. También, selecciona una actitud y explica una ocasión en la que otra persona te demostró esa actitud.

Una actitud empática

Una actitud misericordiosa

Una actitud humilde

Una actitud mansa

Una actitud paciente

Una actitud considerada

Una actitud perdonadora

- *Tiene un corazón amoroso* (v. 14). ¿Qué dijo Pablo acerca del amor en 1 Corintios 13:13?

El carácter de Cristo debe tener la virtud del amor como la que engloba todo lo demás. Según Colosenses 3:14, ¿qué hace el amor por el Cuerpo de Cristo?

El amor es más que un sentimiento. Es también una actividad. ¿Cómo demostraste el amor de Cristo la semana pasada? ¿Alguien a quien conoces necesita el amor de Cristo hoy o esta semana? ¿De qué formas demostrarás ese amor?

- *Tiene un corazón pacífico y agradecido* (v. 15). Cuanto más unidos están los creyentes a Cristo y su semejanza, más unidos estarán entre sí. ¿Necesitas "hacer la paz" con alguien para restaurar la unidad? También, ¿cómo puedes empezar a nutrir una actitud más agradecida? Sé específica.

- *Tiene un corazón gozoso* (v. 16). Cuando dejes que la Palabra de Dios more en abundancia en tu corazón y en tu mente, podrás enseñar y edificar a otros. Además, poseerás un corazón gozoso y agradecido.

  ¿Qué elementos diferentes transmite Pablo en una enseñanza similar en Efesios 5:17-20?

  De nuevo, ¿de dónde proviene un corazón gozoso según Colosenses 3:16?

  Para tener más gozo, pasa más tiempo en la Palabra de Dios. ¿Cómo puedes hacer esto posible la semana próxima?

- *Su vida tiene un propósito* (v. 17). Copia el versículo 17 de tu Biblia. Memorízalo esta semana y permite que su mensaje esté presente siempre en tu oración.

Respuesta del corazón

Por desgracia, el carácter cristiano no es algo que venga así no más. Sé que desearías que así fuera. Pero debes cultivarlo y desarrollarlo. El carácter se logra a lo largo de toda la vida, pero también puede perderse en un instante por cuenta de un acto pecaminoso. Sí, el viejo hombre se ha ido, pero todavía hay una batalla que debe librarse en tu carne pecaminosa.

A fin de mostrar un carácter cristiano, tú y yo debemos renovar nuestros corazones y nuestro carácter interior día a día por medio de la oración y el estudio de la Palabra de Dios. Asidas siempre de la gracia de Dios, pongamos nuestra mira en Cristo, y andemos por su Espíritu, para poder hacer todo en el nombre del Señor Jesús.

Lección 14

Edificar un hogar cristiano

Colosenses 3:18-21

El cristianismo no es una religión, es una relación, una relación con Jesucristo. Cuando nos convertimos en cristianas, Cristo nos concedió su gracia para cumplir los mandatos de las Escrituras. El poder de Dios está disponible por la gracia que fluye por medio de su Espíritu. Además de su poder, Dios también nos ofrece un verdadero modelo para vivir que no solo le glorificará, sino que bendecirá a otros. Pablo está ahora listo para explicar el sentido de Colosenses 3:17 ("todo lo que hacéis, sea de palabra o de hecho") en la relación más importante de todas, que es la familia.

Colosenses 3:18-21

18 Casadas, estad sujetas a vuestros maridos, como conviene en el Señor.

19 Maridos, amad a vuestras mujeres, y no seáis ásperos con ellas.

20 Hijos, obedeced a vuestros padres en todo, porque esto agrada al Señor.

21 Padres, no exasperéis a vuestros hijos, para que no se desalienten.

De la Palabra de Dios…

En la última lección vimos cómo se manifiesta el carácter cristiano. Ahora Pablo presenta la aplicación práctica de estos elementos esenciales en las relaciones interpersonales, y en primer lugar en la familia.

1. Revisa Colosenses 3:17. Si eres casada, ¿cómo debes asumir tus responsabilidades específicas como esposa?

   Mira ahora Efesios 5:21. ¿Qué posición debe tomar cada creyente, y que no es exclusiva de la esposa hacia el esposo?

2. Según Colosenses 3:18, ¿cuál es el deber de una esposa?

   ¿Cuál es el límite moral de este deber?

3. Según el versículo 19a, ¿cuál es el deber de un esposo?

¿Qué ilustración usa Pablo en Efesios 5:25 para describir la responsabilidad de un esposo?

¿Qué responsabilidad adicional tiene el esposo (v. 19b)?

4. ¿Cuál es el deber de un hijo (v. 20)?

¿Bajo qué condición debe un hijo cumplirlo?

¿Qué razón se da para este mandato?

5. ¿Cuál es el deber de los padres (v. 21)?

¿Qué advertencia y qué razón se da para esto?

¿Qué advertencia adicional aparece en Efesios 6:4, y por qué razón?

...a tu corazón

- *El papel de la esposa.* El concepto de "sujeción" no es exclusivo de Colosenses 3:18 y tampoco de la esposa hacia el esposo. Escribe lo que dicen los siguientes versículos acerca de la sujeción en general:

  1 Pedro 2:13-14

  ¿Por qué? Versículo 15

1 Pedro 2:18

¿Por qué? Versículo 19

¿Qué dice Efesios 5:22 acerca de la manera como se sujeta una esposa?

¿Qué añade 1 Pedro 3:1?

En el Nuevo Testamento, la palabra "sujetar" es una combinación de dos palabras que tienen un trasfondo similar. El término significa "alinearse, ponerse en orden, ordenar, ser clasificado por debajo". Si eres casada, ¿debes hacer ajustes para cumplir mejor el plan de Dios para ti de sujetarte a tu esposo? Escribe varios a continuación.

- *El papel del esposo*. Un esposo debe sujetarse al mandato divino de amar a su esposa. Según Efesios 5:25, ¿quién es el ejemplo del amor del esposo y cuál es su alcance?

  En Colosenses 3:19 ¿qué palabra de advertencia hay para los esposos acerca de sus esposas?

- *El papel del hijo*. Las Escrituras llaman al hijo a obedecer "en todo" (Col. 3:21). No trata aquí de los deseos del hijo, sino de su posición como hijo. Luego el pasaje afirma que tal obediencia es algo que "agrada al Señor". ¿Qué estrategias piensas que pueden aplicar los padres para motivar a sus hijos a obedecer? Escríbelas aquí.

¿Qué pueden hacer los padres para ayudar a los hijos a entender lo que "agrada al Señor"?

- *El papel de los padres*. Si los hijos deben obedecer sin discutir, los padres deben, por su parte, cuidarse de no desanimar a los hijos con exigencias excesivas y evitar humillarlos en público. También deben mostrar un corazón compasivo y comprensivo. ¿Qué otra advertencia nos lanza Efesios 6:4?

  ¿Qué debes hacer (junto con tu esposo, si participa en la crianza también) para apoyar e instruir mejor a los hijos? Esto es algo que podrías hacer para empezar: asegúrate de animar y felicitar a cada hijo al menos con la misma frecuencia con que lo corriges y reprendes. Sigue adelante con la lista.

Respuesta del corazón

Para las mujeres, la familia es un asunto del corazón. Lágrimas se derraman y oraciones fluyen de su corazón en su intento como esposas, madres e hijas de hacer lo mejor por sus seres queridos.

La familia es también la unidad básica de la sociedad. Por eso podemos afirmar que una sociedad cae o se levanta según sea la salud de la familia. De hecho, una familia cristiana sana constituye una declaración poderosa para la comunidad. Cada miembro es vital no solo en las relaciones interpersonales, sino también como un medio para evangelizar el mundo exterior a través de las actividades diarias en la comunidad. Oro porque tú, como mujer, esposa, madre e hija, comprendas la importancia de tus diferentes papeles y responsabilidades.

Debes saber también que tú no estás sola en tus obligaciones y desafíos. ¡La gracia de Dios es suficiente! Él también te colma de bendiciones y del poder para cumplir tus tareas con fidelidad. Él te pide que muestres amor a cada miembro de tu familia, y que seas un ejemplo de la conducta y el carácter de Cristo. Puedes contar con Él para recibir la fortaleza y la sabiduría para servir como instrumento de Dios en tu familia. Es un trabajo conjunto.

Lección 15

Entender quién manda

Colosenses 3:22—4:1

Los amos y los siervos tienen responsabilidades mutuas y recíprocas como "nuevas criaturas", al igual que los esposos, los padres, y los hijos. Pablo amonestó a los amos creyentes a tratar a sus siervos con justicia y honradez. Este era un concepto nuevo para los amos romanos, dado que ellos consideraban a los siervos como cosas y no como personas. Los amos tenían un control casi absoluto sobre sus siervos y podían hacer lo que les placía con ellos. Difícilmente un amo romano que no era cristiano consideraría a sus siervos con justicia. Desde su punto de vista, los siervos no merecían nada.

El evangelio no acabó de manera inmediata con la esclavitud, pero sí hizo un llamamiento al cambio en la relación entre amos y siervos.

Colosenses 3:22—4:1

22 Siervos, obedeced en todo a vuestros amos terrenales, no sirviendo al ojo, como los que quieren agradar a los hombres, sino con corazón sincero, temiendo a Dios.

23 Y todo lo que hagáis, hacedlo de corazón, como para el Señor y no para los hombres;

24 sabiendo que del Señor recibiréis la recompensa de la herencia, porque a Cristo el Señor servís.

25 Mas el que hace injusticia, recibirá la injusticia que hiciere, porque no hay acepción de personas.

COLOSENSES 4

1 Amos, haced lo que es justo y recto con vuestros siervos, sabiendo que también vosotros tenéis un Amo en los cielos.

De la Palabra de Dios…

1. ¿Cuál es el deber de un siervo (v. 22)?

   ¿En qué medida?

   ¿Con qué actitud?

   ¿Por qué razón?

2. ¿Cuál es el principio para todo lo que hacemos (v. 23)?

¿Por qué razón (24)?

¿Cuál es la advertencia (25)?

3. ¿Cuál es el deber de un amo (4:1)?

¿Por qué razón?

...a tu corazón

- *La ética laboral de Dios es universal.* Los esclavos son cosa del pasado, pero los principios en Colosenses 3:22—4:1 siguen vigentes para los trabajadores de hoy. ¿Qué dice el apóstol Pedro acerca de la actitud del trabajador hacia su empleador (1 P. 2:18)?

  ¿Cuál debe ser la actitud de un trabajador que tiene un jefe cruel o severo (v. 18)?

  ¿Por qué debe un empleado soportar tal situación (v. 19)?

- *El trabajador de Dios es el mejor.* Revisa un pasaje paralelo en Efesios 6:5-8. ¿Cuál es otra costumbre en el trabajo de los siervos que inquieta a Pablo?

Evalúa tu propia ética laboral en casa y en tu trabajo. ¿Hay actitudes que debes cambiar, eliminar, o mejorar? Haz una lista de los pasos que puedes dar para corregirlo.

- *El jefe de Dios es el mejor.* Revisa el pasaje paralelo en Efesios 6:9. ¿Qué diferencias hay con el pasaje de Colosenses 4:1?

(Nota: "haced con ellos lo mismo" en Efesios 6:9 significa que los amos deben mostrar el mismo interés en la voluntad de Dios y en sus empleados, tal como se espera que los empleados demuestren su interés en Dios y en ellos).

En tu trabajo ¿eres dueña, jefa, o supervisora? ¿Cómo afecta tu papel como líder el hecho de saber que tienes un "jefe" en el cielo que mira tus acciones?

- *El poder de Dios para trabajar.* Mira Efesios 5:18-20. ¿Qué exhortación da Pablo concerniente al Espíritu de Dios y a una vida victoriosa en la casa o en el trabajo? Revisa ahora Colosenses 3:16. El resultado es el mismo, pero ¿qué es diferente en esta exhortación?

Efesios subraya la llenura del Espíritu Santo, mientras que Colosenses hace énfasis en estar lleno de la Palabra. Sin embargo, el resultado es el mismo en ambos casos: ¿de qué manera debe afectar tu conducta en casa y en el trabajo el hecho de andar en el Espíritu de Dios y ser llena de la Palabra de Dios?

Respuesta del corazón

En el mundo complejo y competitivo de hoy, al cristiano le resulta difícil a veces obedecer a Dios y conservar su empleo o conseguir un ascenso. Pero sin importar las dificultades que enfrentes, si en este momento eres empleada, debes obedecer a Dios y confiar en su gracia para tu situación. Tus colegas de trabajo podrían aprovecharse de tu bondad y generosidad, pero tú puedes usar esas ocasiones como una oportunidad para mostrar la realidad de Cristo en tu vida. Es mucho más importante para ti vivir para Cristo que ganar más dinero. Recuerda, cuando descubres la gracia de Dios, Él suple todas tus necesidades en Cristo Jesús.

Lección 16

Andar en sabiduría y gracia

Colosenses 4:2-6

La oración es una actividad vital para los seguidores de Cristo, es nuestra manera de tener comunión con nuestro Dios y Salvador. No debemos considerar la oración como algo complicado o una forma secreta de conectarnos con Dios. La oración es simplemente hablar con Dios, tal como lo haces con otro ser humano. Puesto que es fácil de explicar y que suena como algo fácil de hacer, podrías pensar que todo cristiano habla sin problemas con Dios. Pero no es así. Si preguntaras incluso a los creyentes más devotos acerca de su vida de oración, tal vez confesarían que necesitan mejorar en ese aspecto.

El apóstol Pablo ha descrito cómo sus lectores deben conducirse "en palabras y obras" con su familia, en su trabajo, y con sus jefes. Los creyentes pueden lograr esto porque cuentan con la ayuda soberana del Espíritu Santo y la santa Palabra de Dios. Pablo también menciona otro recurso que Dios ha provisto para ayudarles a cumplir con los mandatos divinos: ¡la oración! Por medio de ella pueden pedir la gracia y la sabiduría de Dios no solo para sus relaciones cristianas, sino también para sus relaciones con todas las demás personas.

Colosenses 4:2-6

2 Perseverad en la oración, velando en ella con acción de gracias;

3 orando también al mismo tiempo por nosotros, para que el Señor nos abra puerta para la palabra, a fin de dar a conocer el misterio de Cristo, por el cual también estoy preso,

4 para que lo manifieste como debo hablar.

5 Andad sabiamente para con los de afuera, redimiendo el tiempo.

6 Sea vuestra palabra siempre con gracia, sazonada con sal, para que sepáis cómo debéis responder a cada uno.

De la Palabra de Dios...

Es evidente que Pablo reconocía la dificultad de lo que pedía de los destinatarios de su carta. Por esto sugiere de inmediato que usen la oración como recurso que les garantice la victoria.

1. *Cómo describe Pablo la oración.* Observa cómo dice Pablo que debemos orar (v. 2).

2. *Cómo pide Pablo oración.* ¿Cuál fue la doble petición que presentó Pablo a sus amigos (vv. 3-4)?

3. *La exhortación de Pablo.* ¿Cuál era el cuádruple deseo de Pablo para sus amigos (vv. 5-6)?

   Versículo 5

Versículo 5

Versículo 6. Dos elementos de tu conversación:

—

—

¿Por qué eran necesarios estos dos elementos?

...a tu corazón

- *Una exhortación a la oración* (v. 2). Pablo, que era un hombre de oración, les recuerda a sus lectores la importancia de la oración. Primero les enseñó la meta. Ahora les muestra el camino. El camino es la oración. Esposos, esposas, hijos, empleados, jefes, y todos los que han de jugar su papel en victoria, deben "perseverar en la oración".

  La constancia de la oración. La oración no es un simple hábito que debe mantenerse. Es un deber que debe cumplirse. ¿Con qué frecuencia debe hacerse?

  Perseverando en ella. Esto sugiere que la oración debe ser constante, insistente, y persistente. ¿Cómo describen estos versículos esta constancia en la oración?

  Romanos 12:12

Efesios 6:18

1 Tesalonicenses 5:17

Velando en ella. Esto significa simplemente permanecer alerta en la oración. Sugiere la presencia de peligro, el peligro de descuidar la práctica o de distraerse con los afanes de este mundo. ¿Cómo describió Jesús esta vigilancia a sus discípulos (Mt. 26:40-41)?

Con acción de gracias. A partir de tu propia experiencia, ¿cuán importante es la acción de gracias en la oración y de qué forma te afecta?

¿De qué manera alienta tu propia vida de oración la descripción que hace Pablo de ella?

(Nota: ¿Cómo describe Pablo "el misterio de Cristo" en Colosenses 1:26-27?)

- *Una estrategia para orar* (vv. 3-4). Consciente de que la oración es un recurso poderoso, Pablo prosigue pidiendo oración por él y sus compañeros. No pide ayuda para soportar los rigores de la vida en prisión. Más bien pide oración para vivir como un testigo eficaz. Ora para que se abran puertas y para tener la sabiduría y la gracia necesarias para comunicar su fe a otros.

Muchos consideran la oración como una oportunidad para ventilar quejas o incluso pedir alguna forma de sanidad. Si tomas a Pablo como ejemplo, ¿cómo puedes cambiar tu enfoque a fin de que tus oraciones sean más estratégicas?

- *Un resultado de la oración* (vv. 5-6). Pablo pide a sus lectores que aviven su necesidad de orar en general, y que oren específicamente por él como evangelista. También desea que ellos se consideren a sí mismos como ministros del evangelio.

Andar sabiamente con Cristo. La sabiduría no consiste únicamente en *saber* lo que es correcto, sino también en *hacerlo.* Según Colosenses 2:2-3, ¿cuál es la fuente de la sabiduría?

¿Qué dirección recibirás al andar de cerca con Jesús en tu testimonio ante los inconversos?

Redimiendo el tiempo. El tiempo es corto. Un cristiano debe aprovechar cada oportunidad. Pablo insta a sus lectores a "aprovechar" cada encuentro.

Sea vuestra palabra siempre con gracia. Descubrir la gracia de Dios, su favor inmerecido, debe prepararte para contar a otros acerca de tu fe con un espíritu de humildad. Asimismo, vivir constantemente en la esfera de la gracia de Dios debe darte una personalidad encantadora que hace agradable el mensaje del evangelio, de la misma manera que la sazón con sal hace un alimento más apetecible.

A la luz de los versículos 5-6, nota varios cambios que debes hacer en tu actitud cuando hablas a los perdidos acerca de Cristo, especialmente a aquellos que están fuera de tu círculo social. Luego mira a Dios y su gracia que te ayuda a hacer estos cambios.

Respuesta del corazón

La sabiduría y la gracia son imprescindibles para que los creyentes vivan gozosos y sean eficaces en su andar cristiano. Las relaciones con la familia y con otros miembros de la iglesia nunca son fáciles. ¿Y qué decir de las relaciones en el trabajo, de jefes y colegas, y de vecinos? Estas relaciones también exigen sabiduría y gracia.

¿Cómo podemos tú y yo sobrellevar estas relaciones y dar un testimonio positivo de la realidad de Cristo en nosotras? Espero que hayas comprendido el mensaje de Pablo. Debes llenarte de la Palabra de Dios para que su Espíritu te dé la capacidad de vivir como hija suya. Y debes depender de la dirección de la gracia de Dios que obtienes en oración constante. Estas prácticas garantizarán que la sabiduría y la gracia de Dios estén a tu disposición cuando las necesites en casa, en el trabajo, o en el testimonio público de tu vida y tu fe en Cristo ante los inconversos que tienes a tu alrededor.

Lección 17

El apoyo de los hermanos en Cristo

Colosenses 4:7-9

¿Tienes una amiga de toda la vida, o alguien a quien conoces desde la secundaria? Pues bien, si tienes una relación así con alguien, tal vez le conozcas bastante bien, y puede parecerte aterrador que alguien también te conozca demasiado bien. Si estás casada, es probable que en el transcurso de los años tu esposo y tú hayan desarrollado una relación cercana y un espíritu afín, hasta el punto de que son capaces de adivinar lo que el otro piensa.

Con frecuencia les digo a las coordinadoras de ministerios femeniles que si me enfermo y no puedo dictar una conferencia, simplemente inviten a mi esposo Jim a hablar por mí. ¿Por qué? porque con el paso de los años hemos desarrollado una admirable afinidad de pensamiento. No solo podemos completar el pensamiento del otro, ¡sino también los libros del otro si es necesario!

Acercándose al final de su carta a los colosenses, el tono de Pablo se vuelve muy personal. Él quiere que sus lectores reciban de primera mano el informe de su condición y de su situación. Puesto que él no puede visitarlos en persona, hace lo mejor posible en ese caso. Envía a un amigo fiel, alguien que conoce tan bien a Pablo que puede representarlo fielmente delante de los creyentes en Colosas.

Colosenses 4:7-9

7 Todo lo que a mí se refiere, os lo hará saber Tíquico, amado hermano y fiel ministro y consiervo en el Señor,

8 el cual he enviado a vosotros para esto mismo, para que conozca lo que a vosotros se refiere, y conforte vuestros corazones,

9 con Onésimo, amado y fiel hermano, que es uno de vosotros. Todo lo que acá pasa, os lo harán saber.

De la Palabra de Dios...

1. *El mensajero de la gracia de Dios.* ¿Cómo se describe a Tíquico en el versículo 7?

   ¿Cuál fue su doble tarea (vv. 7-8)?

   ¿Qué revelan los siguientes pasajes acerca de Tíquico?

      Hechos 20:4-6 (sus orígenes)

      2 Timoteo 4:12 (su ministerio)

Tito 3:12 (su ministerio)

¿Qué más aprendemos acerca de Típico en la carta de Pablo a los efesios (6:21-22)?

2. *El trofeo de la gracia de Dios.* ¿Cómo describe Pablo a Onésimo en Colosenses 4:9?

   ¿Cuál era su tarea conjunta con Típico (v. 9)?

   Haz una lista de algunos datos acerca de Onésimo que aparecen en Filemón 10-16.

...a tu corazón

- *Fiel en todo.* Cuando estudias la vida y el servicio de Típico, descubres que él lleva a cabo fielmente su ministerio como mensajero. En la carta a los Efesios, y también en las cartas a los Colosenses y a Filemón, Típico demostró que era de fiar para llevar a cabo la tarea.

  ¿Qué metas establece Dios para la mujer piadosa en 1 Timoteo 3:11?

  Describe una tarea reciente que se te haya encomendado. ¿Cómo evaluarían los demás tu desempeño en términos de fidelidad?

- *Ministros consoladores.* ¡Qué inversión de papeles! Pablo es el que está en la cárcel, con una posible sentencia de muerte pesando sobre él. Pero ¿qué hace? ¡Envía una delegación para consolar y animar a sus lectores! ¿Qué dice Pablo acerca de la consolación en 2 Corintios 1:3-7?

  ¿Quién es la fuente de consuelo (v. 3)?

  ¿Cuál es el alcance de ese consuelo (v. 4)?

  ¿Cuál es el propósito del consuelo de Dios (v. 5)?

  ¿Qué experiencia presenta Pablo como ejemplo de este poderoso principio (vv. 5-6)?

  ¿En qué forma has sufrido y cómo te capacita esto para brindar consuelo a otros?

- *Abandonar la discriminación social.* Es notable que Pablo use la misma frase "consiervo" para referirse a Onésimo, un esclavo fugitivo perteneciente a una clase social inferior, y también a Epafras, un líder de la iglesia en Colosas. Onésimo es el trofeo de Dios que encarna la gracia transformadora. Él es una nueva criatura (2 Co. 5:17) y Pablo no lo trata como a alguien inferior, sino como a un "amado hermano". Cualquier discriminación social queda cancelada. ¿Cómo debería afectar la gracia de Dios tu manera de ver a los demás en tu iglesia y en la sociedad?

Respuesta del corazón

¿Recuerdas que mencioné al principio del capítulo a tu amiga cercana o a tu esposo? Piensa cómo tu vida ha influido en esa persona. Espero que, por la gracia de Dios, seas una influencia positiva, una persona que anima. El apóstol Pablo hizo esto precisamente con Tíquico, de tal manera que Pablo pudo enviarlo como si se tratara de él mismo. Tú también puedes influir de forma positiva, incluso a una amiga o un esposo inconverso. Y por supuesto, no olvidemos a tus hijos. Sí, ellos aprenderán de otros, pero asegúrate de que asimilen de ti un corazón de amor por ellos y de amor por Cristo.

Lección 18

Homenaje a héroes de la fe

Colosenses 4:10-14

¿A cuántos héroes conoces? Bueno, si estás pensando en los personajes célebres de nuestra sociedad actual, como actores famosos o deportistas profesionales, es probable que tu lista sea muy corta. Pero ¿qué si definimos un héroe como alguien que simplemente ha tenido la valentía de mantenerse firme por Cristo incluso bajo la amenaza de persecución? ¡Entonces esperaría que tu lista fuera más larga!

En la lección anterior empezamos a leer acerca de las personas que rodeaban a Pablo. Él estaba en la cárcel a la espera de su juicio como enemigo del estado. Se requería mucha valentía para que alguien lo visitara y se identificara con sus creencias. Hacerlo sería peligroso, sería considerado culpable por asociación. Con todo, ahí están, un grupo de hombres que no temieron ser identificados con Pablo. Aprendamos más de esta lista de hombres valientes que fueron verdaderos héroes de la fe.

Colosenses 4:10-14

10 Aristarco, mi compañero de prisiones, os saluda, y Marcos el sobrino de Bernabé, acerca del cual habéis recibido mandamientos; si fuere a vosotros, recibidle;

11 y Jesús, llamado Justo; que son los únicos de la circuncisión que me ayudan en el reino de Dios, y han sido para mí un consuelo.

12 Os saluda Epafras, el cual es uno de vosotros, siervo de Cristo, siempre rogando encarecidamente por vosotros en sus oraciones, para que estéis firmes, perfectos y completos en todo lo que Dios quiere.

13 Porque de él doy testimonio de que tiene gran solicitud por vosotros, y por los que están en Laodicea, y los que están en Hierápolis.

14 Os saluda Lucas el médico amado, y Demas.

De la Palabra de Dios...

Cuando Pablo descubrió la gracia de Dios en toda su plenitud, se convirtió en un imán para otros. En cada carta que escribió estuvo rodeado de hombres de fe. Incluso en Roma, donde su situación era una verdadera prueba hasta para la amistad más leal, Pablo pudo contar con media docena que estuvieron dispuestos a dar su vida por él.

1. *Saludos de tres compañeros judíos.* Escribe a continuación el nombre y la descripción de cada uno (vv. 10-11).

Nombre de cada hombre	Descripción
—	
—	
—	

¿Cómo habían servido a Pablo en el pasado (v. 11)?

(Nota: los compatriotas judíos de Pablo habían sido casi del todo indiferentes. Los líderes religiosos judíos habían rechazado el mensaje de Pablo y habían intentado matarlo. También lo habían denunciado ante los romanos y, como ciudadano romano, Pablo tuvo que apelar al César para acceder a un juicio justo. Pablo recibió un gran consuelo de estos compañeros judíos que lo acompañaron en vísperas de su juicio).

2. *Saludos de tres amigos gentiles.* Veamos primero lo que Pablo escribió en los versículos 12-13.

   ¿Cuáles son las tres características que señala de Epafras (v. 12)?

   —

   —

   —

¿Cuál era el objetivo de las oraciones de Epafras?

¿En qué se parece este objetivo al de Pablo en sus oraciones por los creyentes colosenses, según 1:28?

Describe de nuevo los esfuerzos espirituales de Epafras (v. 12).

¿En qué se parecen a los esfuerzos de Pablo descritos en 1:29?

¿Qué testifica Pablo acerca de Epafras (v. 13)?

¿Qué dos observaciones hace Pablo de Lucas en el versículo 14?

¿Quién más envía saludos (v. 14)?

...a tu corazón

- *Dos héroes absolutos*. Aristarco era un creyente judío que tenía nombre griego. Indaga en su historia según la cuenta Pablo:

  ¿De dónde era (Hch. 20:4)?

  ¿Qué sucedió en Éfeso (Hch. 19:28-29)?

¿Cuán leal era Aristarco (Hch. 27:1-2)?

¿Qué otra observación hace Pablo de Aristarco en Filemón 24?

Lucas acompañó a Pablo en muchas de sus pruebas en su tercer viaje misionero. ¿Estuvo él durante el último encarcelamiento de Pablo (2 Ti. 4:11)?

¿Cómo te animan y desafían estos dos hombres en tu propia fidelidad a Cristo y a tu iglesia?

- *Dos héroes con un signo de interrogación*. El primero de ellos es Marcos. Escribe lo que sabemos acerca de su pasado.

Hechos 12:25—13:5

Hechos 15:36-39

¿Qué fue lo que según parece ocurrió (Col. 4:10)?

¿Cuál fue el concepto final de Pablo acerca de Marcos (2 Ti. 4:11)?

¿Qué ocurrió a Demas y por qué (2 Ti. 4:10)?

Dos hombres. Marcos falló pero logró corregir su actitud. Por su parte, Demas empezó bien pero falló al final. Escribe una o dos lecciones de estos hombres para tu propia vida.

- *Un héroe piensa en los demás.* ¿Notaste las tres palabras que usó Pablo para describir el interés de Epafras por el pueblo de Dios? "Siempre rogando encarecidamente" señala que Epafras no elevó una oración fácil y apática. Más bien oró con gran fervor y solicitud a Dios por los hermanos de Colosas y por aquellos en las otras ciudades de la región.

  Teniendo en mente el ejemplo de Epafras, ¿cómo deberías considerar la oración y los beneficiarios de tus oraciones?

Respuesta del corazón

Este pasaje nos da mucho que pensar. *Primero, está el asunto de la valentía.* Dios no te está pidiendo que mueras por tu fe. Él te pide, por su gracia, vivir conforme a tu fe. Por fortuna, la gran mayoría no padecemos una persecución abierta por nuestra fe, aunque llegará el momento en que esto cambie. Deja que estos héroes te muestren el camino. Permanece firme con Cristo y con su pueblo. ¡Sé una heroína!

Segundo, está el asunto de la fidelidad. Lo que importa no es dónde empiezas, sino dónde terminas. El joven Marcos falló, pero por la gracia de Dios enderezó sus pasos y llegó a ser un fiel colaborador de Pablo. Si has fallado, toma aliento en el ejemplo de Marcos. Dios puede y quiere usarte para su gloria. Que la gracia de Dios te limpie y te renueve para seguir la carrera. Demas fue un caso diferente. Él se dejó enredar por el mundo y abandonó a Pablo. Que su vida te sirva como advertencia de los peligros de coquetear con el mundo.

Por último, está el asunto de la oración. No creas que la oración es una actividad tan pasiva que carece de importancia o de efecto. Conviértete en una guerrera que lucha por las necesidades de otros. Ora también de manera estratégica. Como Pablo y Epafras, ora por el crecimiento y la madurez espirituales de tu familia, amigos, y hermanos en la iglesia. Ora con frecuencia. Ora con pasión. Ora con fervor. ¡Ora con fe!

Lección 19

Ser fiel a Dios

Colosenses 4:15-18

Durante años he participado en muchos grupos pequeños de estudio bíblico. Han sido experiencias desafiantes que me han ayudado a crecer y a madurar en mi fidelidad a Dios. Jim y yo hemos participado también en ministerios de pequeños grupos que han sido extensiones de nuestra iglesia. Estos grupos más pequeños nos brindaron la oportunidad de usar nuestros dones y desarrollar amistades que han perdurado a lo largo de los años. Una ventaja clave de los grupos pequeños es que favorece la responsabilidad mutua entre los miembros. Al final de nuestro estudio de Colosenses, analizamos la dinámica de grupos en las iglesias que se reunían en las casas en Colosas y Laodicea. Aprendamos un poco acerca de la vida de la iglesia a partir de sus comienzos.

Colosenses 4:15-18

15 Saludad a los hermanos que están en Laodicea, y a Ninfas y a la iglesia que está en su casa.

16 Cuando esta carta haya sido leída entre vosotros, haced que también se lea en la iglesia de los laodicenses, y que la de Laodicea la leáis también vosotros.

17 Decid a Arquipo: Mira que cumplas el ministerio que recibiste en el Señor.

18 La salutación de mi propia mano, de Pablo. Acordaos de mis prisiones. La gracia sea con vosotros. Amén.

De la Palabra de Dios...

En los comienzos del cristianismo los creyentes se reunían en las casas de los hermanos. Solo a mediados del siglo III las iglesias empezaron a tener propiedades y a construir lugares de adoración. Anota quiénes abrieron sus casas para adorar:

Hechos 16:40

Romanos 16:5

Romanos 16:23

1 Corintios 16:19

Filemón 2

1. *Compañerismo entre las iglesias.* Lee las últimas palabras de Pablo a los colosenses en los versículos 15-16. ¿Qué es lo primero que pide Pablo a los colosenses en el versículo 15?

   ¿Cuál es su segunda petición (v. 15)?

   ¿Qué dos cosas debían hacer los colosenses con esta carta (v. 16)?

   ¿Qué debían esperar que hiciera la iglesia de Laodicea (v. 16)?

2. *Un encargo para Arquipo.* ¿Qué exhortación dio Pablo a Arquipo (v. 17)?

3. *Un saludo personal.* ¿Qué pidió Pablo a sus lectores en sus últimos comentarios (v. 18)?

…a tu corazón

- *La importancia de la Palabra.* Cuando Pablo escribió esta carta no había literatura neotestamentaria de circulación masiva. La mayoría de libros del Nuevo Testamento aún se estaban escribiendo. Por consiguiente, las iglesias debían copiar fielmente y hacer circular las cartas que recibían de Pablo, Pedro, Santiago, y otros. Podrás imaginar lo emocionada que estaba la iglesia de tener la "primera edición" de la carta de Pablo. Seguramente consideraban cada carta como un tesoro. Además, se alegraban de poder compartirla con otros.

¿Cuántas Biblias posees? ¿Cuánto te emociona la Palabra de Dios? El trabajo fiel de Pablo de comunicar las verdades bíblicas, ¿cómo afecta a tu actitud acerca de la importancia de la Palabra de Dios?

- *Terminar la tarea*. Cuán fácil es apartarse del servicio a Dios. El pecado te puede inutilizar. El agotamiento te puede frenar. O simplemente el enojo podría llevarte a renunciar. Parece que Arquipo estaba en peligro de no terminar su ministerio. Quizá debía llevarlo a cabo durante la ausencia de Epafras, o tal vez debía asumir el liderazgo para proteger a la iglesia de la herejía. Sea como fuere, Pablo pidió a la iglesia que lo rodeara y lo animara para que terminara fielmente su ministerio.

  ¿Y tú? ¿Hay alguna tarea inconclusa que debas terminar? O ¿hay alguien que necesita tus palabras de aliento para permanecer fiel? ¿Qué puedes hacer hoy mismo para terminar tu tarea y ayudar a alguien a terminar la suya?

- *Un saludo muy personal*. Cuando Pablo quería autenticar sus cartas, muchas veces terminaba con una breve nota de su puño y letra. Escribe aquí qué te parece esta costumbre de Pablo.

- *Una petición de oración*. Pablo termina con una petición de oración, no a favor de él, sino del evangelio. Pide a los colosenses que recuerden el motivo de sus cadenas. Y les pide que oren para que predique fielmente el evangelio, por el cual está preso desde el principio. ¿De qué manera debes enfocar menos tus oraciones en ti misma y dirigirlas a otros y al avance del evangelio?

Respuesta del corazón

Pablo empezó su carta con "gracia" (1:2) y la termina también con "gracia" (4:8). Su deseo de principio a fin es que sus lectores sigan descubriendo el favor inmerecido de Dios. En última instancia es la gracia de Dios la que fortalece y protege a la iglesia contra la herejía. Aunque los falsos maestros prometan una vida espiritual más profunda por medio del conocimiento secreto, Pablo establece con claridad que sólo Cristo es la fuente de la vida espiritual. Él es la cabeza de todo el cuerpo de creyentes, y es Señor tanto del reino espiritual como del físico. Espero que hayas concluido que la verdadera espiritualidad no se alcanza mediante deberes religiosos, un conocimiento especial, o ceremonias secretas. El camino a una vida espiritual más profunda es solamente por medio de Cristo. Una respuesta verdaderamente hermosa y adecuada de tu corazón sería orar. Ora pidiendo fidelidad. Ora para que no permitas nunca que nada ni nadie se interponga entre ti y tu Salvador Jesucristo.

Lección 20

Saludo a un hermano amado

Filemón 1-3

Una coincidencia se define como una sucesión notable de eventos o circunstancias que no fueron planeadas de antemano pero que, de alguna manera, están relacionadas entre sí. Desde una perspectiva humana, la carta a Filemón describe una "coincidencia".

Un esclavo fugitivo llamado Onésimo, originario de una pequeña aldea en Asia Menor, llega hasta Roma con la esperanza de perderse en la gran ciudad. De algún modo conoce al apóstol Pablo y se hace cristiano, si bien Pablo estaba en prisión en ese momento. De modo sorprendente, Filemón, el amo de Onésimo, también se había hecho creyente bajo el ministerio de Pablo años atrás, quizá cuando Pablo estuvo en Éfeso, a pocos kilómetros de Colosas. A propósito de coincidencias o, como diríamos, de la providencia de Dios.

Pablo escribe ahora una carta a su viejo amigo Filemón, que está en Colosas, para pedirle que perdone a Onésimo, su esclavo fugitivo, y que lo reciba de nuevo como un hermano en Cristo.

Filemón 1-3

1 Pablo, prisionero de Jesucristo, y el hermano Timoteo, al amado Filemón, colaborador nuestro,

2 y a la amada hermana Apia, y a Arquipo nuestro compañero de milicia, y a la iglesia que está en tu casa:

3 Gracia y paz a vosotros, de Dios nuestro Padre y del Señor Jesucristo.

De la Palabra de Dios…

Pablo acostumbra dictar sus cartas, pero debido a la particularidad de esta situación, decide escribirla de su puño y letra (v. 19).

1. *Palabras introductorias de Pablo* (v. 1)

   ¿Cómo se describe Pablo a sí mismo?

   ¿En qué difiere esta descripción de la que aparece en Colosenses 1:1?

   Por lo general, Pablo escribe a las iglesias acerca de sus problemas y se presenta como un apóstol, lo cual le da el derecho de solicitar que se acaten sus peticiones. Sin embargo, esta carta no está dirigida a una iglesia, sino a una persona. Desde el comienzo, Pablo quiere que su amigo Filemón sepa de su sacrificio personal en la obra del Señor, antes de pedirle un sacrificio a su amigo.

Examina Colosenses 1:1. ¿Cuál era el problema aquí (pista en 2:4, 8)?

¿Qué otro colaborador se menciona en el versículo 1? ¿Cómo se le describe?

Revisa la lección 1 y escribe algunos datos acerca de Timoteo.

Después de estudiar Colosenses, ¿cuál es tu opinión de Timoteo como amigo y colaborador de Pablo?

2. *Saludo de Pablo* (vv. 1-3)

¿A quiénes saluda Pablo y cómo se les describe?

—

—

—

¿Quién más aparece en este saludo?

¿Cuáles son dos bendiciones que ofrece Pablo a sus amigos en el versículo 3?

—

—

¿Cuál es la fuente de esas bendiciones?

...a tu corazón

- *La visión de Pablo acerca de su situación.* Esta es la única carta de Pablo en la que se presenta como "prisionero de Jesucristo". ¿Cómo se refiere él a este encarcelamiento más adelante en su carta?

  Versículo 9

  Versículo 10

  Versículo 13

  Versículo 23

  Pablo se veía a sí mismo no como una víctima de la cruel opresión del gobierno romano, sino como un hombre que tenía el privilegio de sufrir por Cristo. Las siguientes son algunas preguntas para meditar. ¿Cómo ves tu situación presente? ¿Te ves a ti misma como una víctima que tiene que soportar una horrible injusticia? ¿Te quejas ante otros por el trato injusto que recibes? Ahora responde: ¿Quién es el centro en este tipo de perspectiva? ¿Cómo deberías ver cada situación de tu vida?

- *La visión de Pablo acerca de la iglesia*. La iglesia no es una organización, sino un organismo. ¡Está viva! Está hecha de personas. Y Pablo se apresura a mencionar por nombre a algunas a las que ha podido conocer.

  Filemón era un miembro adinerado de la iglesia de Colosas. Tenía esclavos y una casa lo bastante grande para acoger a algunos de los creyentes en Colosas. Pablo describe a Filemón como alguien que trabaja junto con él en el ministerio.

  Apia era probablemente la esposa de Filemón.

  Arquipo fue tal vez hijo de Filemón o un líder (siervo) en la iglesia de Colosas, o ¿en cuál otra iglesia según Colosenses 4:17?

- *La actitud de Pablo, llena de gracia*. Gracia. La gracia de Dios, el favor suyo, es el tema de este estudio. La gracia de Dios para nosotros debe convertirse en gracia para los demás. A lo largo de tu estudio de Filemón, observa la actitud de Pablo llena de gracia. Él amaba a la iglesia porque amaba a las personas que la componían. ¿Fue evidente la gracia de Dios en tu vida la semana pasada? ¿Te mostraste llena de gracia con las personas durante tu última visita a la iglesia? ¿Qué cambios puedes hacer en tu actitud para prepararte para mañana y para la iglesia la próxima semana?

Respuesta del corazón

¡Qué tesoro es la epístola a Filemón! En solo 25 versículos revela de manera admirable el corazón del apóstol Pablo. Aunque no era una carta fácil de escribir, en ella expresa una actitud de gracia y amor a un amigo en Cristo. Lo que pide a Filemón es que extienda la gracia del perdón de Dios a un esclavo que se había fugado de sus deberes. Pero antes de hacer la difícil petición, Pablo expresa su profundo amor a Filemón, el destinatario de su carta. Hay muchos mensajes del corazón de Pablo que nos llegan a nosotras, ¿no te parece? Hay muchas lecciones que podemos extraer del mensaje de Pablo, el gran maestro y fiel amigo.

¿Cómo está tu corazón? ¿Has perdonado el daño que te han causado otros? Pide a Dios que llene tu corazón de abundante amor, tal como Él lo hizo por Pablo y también por Filemón.

Lección 21

Cultivar un corazón agradecido

Filemón 4-7

¿No te cansa estar rodeada de personas que son negativas o quejumbrosas crónicas? Pareciera que las personas cascarrabias lograran su objetivo en la vida viendo cómo encuentran motivos para murmurar. Se alegran de la cantidad de personas a quienes pueden arruinarles el día.

Definitivamente, Pablo no tenía ese problema. ¡Él era todo lo contrario! En la mayoría de sus cartas daba gracias a Dios por algo. Él dijo: "Dad gracias en todo, porque esta es la voluntad de Dios para con vosotros en Cristo Jesús" (1 Ts. 5:18). Veamos ahora cómo expresó Pablo su gratitud en este pasaje.

Filemón 4-7

4 Doy gracias a mi Dios, haciendo siempre memoria de ti en mis oraciones,

5 porque oigo del amor y de la fe que tienes hacia el Señor Jesús, y para con todos los santos;

6 para que la participación de tu fe sea eficaz en el conocimiento de todo el bien que está en vosotros por Cristo Jesús.

7 Pues tenemos gran gozo y consolación en tu amor, porque por ti, oh hermano, han sido confortados los corazones de los santos.

De la Palabra de Dios...

1. *Las acciones de gracias de Pablo.* ¿Cuál es la palabra que da una idea de la clase de relación que tenía Pablo con Dios (v. 4)?

   ¿Por quién da gracias Pablo a Dios?

   Pablo recordaba con gratitud el tiempo compartido con muchas personas. ¿Cómo expresa él su amor y gratitud por las personas mencionadas a continuación?

   Los colosenses (1:4)

   Los efesios (1:16)

Los tesalonicenses

1 Tesalonicenses 1:2

2 Tesalonicenses 1:3

2. *Pablo da gracias por un hombre fiel.* ¿Cuáles son las dos cosas que había oído Pablo acerca del carácter de Filemón (v. 5)?

Su ____________

Su ____________

¿Hacia quién se dirigían estas cualidades?

—

—

¿Había excepciones en el amor de Filemón?

3. *Pablo da gracias por un hombre fructífero.* El versículo 5 describe el motivo de la gratitud de Pablo y de su oración. Pero ¿cuál es el contenido de su oración (v. 6a)?

¿Cómo puede volverse más eficaz la fe de Filemón?

¿Cuál es la fuente?

¿Qué cualidad de Filemón era motivo de gozo para Pablo (v. 7)?

¿Cuál fue el resultado de las obras de Filemón?

...a tu corazón

- *Orar por otros* (v. 4). Orar por otros era parte del ministerio de Pablo. Trae a tu memoria lo que Pablo ha dicho acerca de la oración.

  1 Tesalonicenses 5:17

  Colosenses 1:3

  2 Timoteo 1:3

Las oraciones de Pablo fluían de un corazón amoroso y agradecido. Haz una lista de las personas más amadas y cercanas a ti y ora, dando gracias a Dios por ellas. Escribe algunas maneras en las que puedes hacer de esto un hábito regular.

- *Vivir para otros* (v. 5). Pablo había oído un informe, quizá de Epafras, según el cual Filemón amaba y era fiel a todos los creyentes en Colosas. La razón por la cual Filemón podía vivir para otros era que su prioridad fue amar y ser fiel a Jesús. ¿Cuál es tu reputación entre los santos? ¿Qué has hecho últimamente para demostrar tu amor por otros en tu iglesia?

  ¿Qué evidencias hay de tu fidelidad?

- *Compartir con otros* (v. 6). Aquí Pablo usa la palabra griega *koinonia*, que significa "comunión" y alude a las relaciones. Pablo oró para que la fe de Filemón creciera a medida que compartía tiempo con otros creyentes. En el cuerpo de Cristo no había lugar para el individualismo.

  Según 1 Corintios 12:7, ¿para qué había dado Dios dones espirituales? ¿Cómo has compartido con eficacia y de manera activa tu amor y tus recursos con otros?

- *Bendecir a otros* (v. 7). Las acciones de gracias de Pablo nacieron cuando se enteró de la ayuda de Filemón a los santos. Oír cómo Filemón bendecía a otros fue a su vez una bendición para Pablo. Las noticias sobre el ministerio de Filemón a otros habían viajado cientos de kilómetros para bendecir y animar a Pablo en su prisión.

  He aquí algo en lo que podemos meditar. ¿Qué ocurre usualmente cuando otros están cerca de ti? ¿Eres una influencia positiva o quitas la energía y la motivación a los demás con quejas y problemas? ¿Cómo puedes tener una actitud más constructiva y alentadora que a su vez bendiga a otros en vez de cansarlos?

Respuesta del corazón

¡Qué hermoso pasaje de las Escrituras! Está lleno de palabras de gratitud, amor, gozo, bondad, y refrigerio. El corazón del apóstol Pablo se regocija y da gracias a Dios. ¿Por qué? Porque oye las noticias del amor y la fidelidad de Filemón. Las noticias fueron como un vaso de agua fresca en medio de una tierra seca y árida. A pesar del lúgubre ambiente en el cual se encontraba, Pablo se sintió renovado al oír acerca del ministerio de Filemón.

Como resultado, todos fueron bendecidos, incluyendo a Pablo. Proponte como meta cultivar un corazón agradecido por todo lo que Dios ha hecho por ti. Luego, demuestra fielmente esa gratitud a otros por medio de tus palabras y tus obras de bondad. Las demás personas, a su vez, transmitirán esta misma gratitud.

Lección 22

Solicitud de perdón

Filemón 8-16

Muchas veces he oído a mi esposo decir que una persona es un GLN, es decir, un **G**ran **L**íder **N**ato. ¡Esto describe sin duda al gran apóstol Pablo! Él era un líder en la comunidad judía antes de encontrarse con Cristo en el camino a Damasco, y esa cualidad de su carácter fue indudablemente útil cuando Dios lo envió a servir como embajador a los gentiles.

Pablo tenía que ser el tipo de hombre que se hace cargo de los asuntos. Tan pronto dejó la iglesia que había plantado, los falsos maestros vinieron y quisieron destruir su obra. Por eso Pablo solía empezar sus cartas reafirmando su autoridad como apóstol. En Colosenses 1:1 vimos que Pablo usó su título oficial para asegurarse de que los creyentes colosenses escucharan sus inquietudes acerca de lo que ocurría en medio de ellos. Ahora en Filemón toma el pergamino y la pluma para escribir una carta personal a su buen amigo Filemón. Veamos cómo lo hace.

Filemón 8-16

8 Por lo cual, aunque tengo mucha libertad en Cristo para mandarte lo que conviene,

9 más bien te ruego por amor, siendo como soy, Pablo ya anciano, y ahora, además, prisionero de Jesucristo;

10 te ruego por mi hijo Onésimo, a quien engendré en mis prisiones,

11 el cual en otro tiempo te fue inútil, pero ahora a ti y a mí nos es útil,

12 el cual vuelvo a enviarte; tú, pues, recíbele como a mí mismo.

13 Yo quisiera retenerle conmigo, para que en lugar tuyo me sirviese en mis prisiones por el evangelio;

14 pero nada quise hacer sin tu consentimiento, para que tu favor no fuese como de necesidad, sino voluntario.

15 Porque quizá para esto se apartó de ti por algún tiempo, para que le recibieses para siempre;

16 no ya como esclavo, sino como más que esclavo, como hermano amado, mayormente para mí, pero cuánto más para ti, tanto en la carne como en el Señor.

De la Palabra de Dios…

La expresión "por lo cual" alude al versículo 7 y establece la base para lo que Pablo se propone y está a punto de pedir a Filemón. ¿Qué había oído Pablo acerca de Filemón (v. 7)?

Es en virtud del amor que Filemón había mostrado hacia los santos que Pablo puede presentar su solicitud. ¡Ahora esperaba que el amor de Filemón se extendiera a Onésimo!

1. *La posición de Pablo.* En base a su autoridad ¿qué hubiera podido hacer Pablo (v. 8)?

   ¿En la autoridad mayor de quién se basaba la posición de Pablo?

   (Nota: En el imperio romano un amo tenía control absoluto sobre sus esclavos. Bajo la ley romana, Filemón tenía derecho de ejecutar a Onésimo, su esclavo fugitivo, si era capturado y regresaba. De hecho, esto haría de la solicitud de Pablo algo atrevido).

   ¿Cómo se describe Pablo a sí mismo más adelante (v. 9)?

   —

   —

2. *La transformación de Onésimo.* Pablo describe a este esclavo fugitivo desde dos perspectivas. En primer lugar, ¿cuáles son las dos cosas que dice el versículo 10 acerca de la relación entre Onésimo y *Pablo*?

   —

   —

Ahora, ¿cuáles son los dos datos del versículo 11 acerca del pasado y de la esperada relación presente con *Filemón*?

—

—

3. *La acción de Pablo.* ¿Cuál fue la decisión de Pablo (v. 12a)?

Nota: Esta acción era exigida por la ley romana. Tal vez Onésimo estaba frente a Filemón en el momento mismo de leer la carta. La disposición de Onésimo de regresar es la evidencia de su vida cambiada y de su nueva naturaleza (ver Col. 4:9).

4. *El razonamiento de Pablo.* Pablo explica que su acción se basa en sus intereses personales. ¿Cuáles son sus intereses (vv. 12b-13)?

¿Qué consideración ofrece Pablo para la decisión de Filemón (v. 14)?

¿Qué más dice Pablo que podría alentar una recepción favorable para Onésimo (v. 15)?

¿Cuál es el comentario final que hace Pablo acerca de Onésimo (v. 16)?

...a tu corazón

- *El poder de Dios.* Pablo usa un juego de palabras en el texto original griego cuando escribe acerca de Onésimo. Dice que Onésimo no fue útil a Filemón, pero que ahora, como una persona transformada, le es útil. El nombre Onésimo significa "provechoso" o "útil". Antes, Onésimo no había vivido a la altura de su nombre. No había traído beneficios a su amo. Pero la gracia de Dios, por medio del evangelio, había cambiado todo esto.

  Cuando las personas observan tu vida, ¿pueden dar fe del poder de Dios? Escribe varias maneras en las que eres útil para el cuerpo de Cristo. ¿Cuáles son algunas estrategias que puedes implementar para que esto mejore?

- *El proceso del perdón.* El verdadero perdón es una calle de doble vía. Primero, la parte que ofende, como Onésimo, debe mostrar un arrepentimiento sincero. Esto se manifiesta en una vida cambiada, que produce una utilidad visible. Pero también está la parte ofendida, como Filemón, que debe resolver si acoge de nuevo al ofensor. ¿Te encuentras en una situación similar? ¿Necesitas acoger a alguien de nuevo? ¿Qué harás al respecto?

- *La providencia de Dios.* Pablo no estaba seguro acerca de lo que Dios estaba haciendo en todo este asunto. Él usa la palabra "quizá" para lanzar una hipótesis acerca de los hechos. Pero en lo concerniente a la obra providencial de Dios en nuestra vida, escribe aquí las palabras de Romanos 8:28.

¿Qué pensaba José de la forma cruel como sus hermanos lo habían vendido como esclavo en Egipto (Gn. 45:8)?

¿De qué manera estas ideas acerca de la providencia de Dios (Ro. 8:28 y Gn. 45:8) te motivan a estar más dispuesta a perdonar a otros? ¿Enfrentas tú, o algún ser querido, una situación dolorosa? ¿Cómo puedes responder a la luz del cuidado providencial de Dios?

Respuesta del corazón

¡El perdón! En verdad que es una palabra célebre para los corazones de los pecadores. Y este es el mensaje, y el resultado, del evangelio. Como creyentes en Cristo, tú y yo hemos sido perdonadas. ¡Qué gozo y qué alivio trae esto a nuestra alma!

La Biblia habla mucho acerca del perdón. Es una respuesta divina a una ofensa. Dios perdona al pecador arrepentido. Jesús pidió al Padre que perdonara a aquellos que lo estaban crucificando (Lc. 23:34). Y Esteban pidió a Dios que perdonase a aquellos que lo apedreaban (Hch. 7:60).

Pero ¿qué del perdón en las relaciones personales, con los amigos, la familia o en el matrimonio? En esta carta a Filemón Pablo nos anima a perdonar. Amiga mía, si alguien te ha ofendido, debes perdonar. Ora para recibir la gracia para perdonar a la persona que te ofendió. Y si eres tú quien ha ofendido a alguien, ora por la gracia para arrepentirte, y de esa manera poder ser perdonada.

Lección 23

Esperar lo mejor de los demás

Filemón 17-21

Tal vez hayas escuchado el dicho: "Espera lo mejor de los demás y lo recibirás. Espera lo peor de los demás y probablemente lo recibas también".

Esperar lo mejor de los demás no es siempre fácil, ¿cierto? Por lo general, las personas nos decepcionan más de lo que nos animan. Como resultado, nos desanimamos y nos endurecemos en nuestra visión de los demás. Y ¿por qué no? De no hacerlo, nos arriesgamos a sufrir. Así que, como medida de protección, miramos a los demás con desconfianza, esperando lo peor. Pero en esta carta que estudiamos, Pablo espera lo mejor de su buen amigo Filemón.

Filemón 17-21

17 Así que, si me tienes por compañero, recíbele como a mí mismo.

18 Y si en algo te dañó, o te debe, ponlo a mi cuenta.

19 Yo Pablo lo escribo de mi mano, yo lo pagaré; por no decirte que aun tú mismo te me debes también.

20 Sí, hermano, tenga yo algún provecho de ti en el Señor; conforta mi corazón en el Señor.

21 Te he escrito confiando en tu obediencia, sabiendo que harás aun más de lo que te digo.

De la Palabra de Dios…

1. *La tardía petición de Pablo.* Justo antes de que Pablo presentara su petición formalmente, ¿qué aliciente ofrece (v. 17)?

   Hasta ahora, Pablo ha elogiado el amor y la fe de Filemón, y la transformación de Onésimo. ¿Qué petición hace ahora finalmente?

2. *El ofrecimiento de Pablo.* De nuevo, para quitar cualquier duda u obstáculo que pudiera quedar en la mente de Filemón, ¿cuál es el ofrecimiento de Pablo (v. 18)?

   ¿Cómo demuestra Pablo la sinceridad de su ofrecimiento (v. 19)?

¿Qué pide Pablo a Filemón respecto a la deuda de Onésimo (v. 19)?

Luego, ¿qué le recuerda Pablo a Filemón (v. 19)?

3. *El beneficio de Pablo.* En asuntos de cuentas y deudas, incluso si la deuda de Onésimo fuera pagada completamente, ¿qué beneficio obtendría Filemón al acceder a la petición de Pablo (v. 20)?

   Dada la difícil situación de Pablo, era relativamente fácil animarlo. Él escribió a la iglesia en Filipos desde esa misma prisión, alrededor de la misma época que escribió a Filemón. ¿Cómo reaccionaría Pablo a la obediencia de los filipenses (Fil. 2:2)?

4. *La confianza de Pablo.* ¿En qué expresa Pablo su confianza (v. 21)?

   ¿Cuál es el alcance de la confianza de Pablo?

   (No sabemos en qué medida Filemón concedió los deseos de Pablo. Sin embargo, a partir de lo que Pablo ha dicho ya de Filemón, el final importa poco, pues haya quedado libre o no Onésimo, contaba de todas maneras con la libertad del compañerismo cristiano).

...a tu corazón

- *Transformar el sistema.* La esclavitud ha sido una horrible plaga en la humanidad desde los comienzos de su historia. Pero es sorprendente que ni Jesús ni Pablo hablaron en contra de ella. ¿Qué manda Pablo a los esclavos en Efesios 6:5-8?

  ¿Qué dice Pablo a los esclavos en Colosenses 3:22-23?

  Pablo no pide abiertamente a Filemón que libere a Onésimo. Sólo le pide que haga lo correcto conforme a la transformación que ha ocurrido en su vida.

  Asumir las consecuencias. La salvación significa el perdón, la remoción de nuestro pecado. Onésimo había sido perdonado por Dios, y esperaba ser perdonado por Filemón. Aún así, Onésimo tenía que hacer frente a las consecuencias del pecado. ¿Robó Onésimo a Filemón? ¿Tuvo Filemón que comprar otro esclavo que tomara el lugar del fugitivo? Sea cual fuera el caso, Onésimo tenía que sufrir las consecuencias de su rebelión.

  ¿Hay algún pecado que piensas cometer? ¡No lo hagas! ¡Siempre habrá consecuencias! Alguien sufrirá, incluso tú misma, por ese pecado que cometas. Mira de nuevo el pecado de Eva en Génesis 3.

  ¿Cuál era la tentación (v. 6)?

  ¿Cuál fue la consecuencia (vv. 22-24)?

  Cuando te sientes tentada a pecar, no pienses en el placer pasajero que el pecado podría procurarte. Piensa más bien en la consecuencia dolorosa y duradera.

Respuesta del corazón

Definitivamente, Pablo esperaba lo mejor de sus hermanos en la fe. Dio por hecho que Filemón, su hijo en la fe, haría lo correcto, obraría como un cristiano, como Cristo. En Colosenses 3:12-17 Pablo había hablado ya acerca de "vestirse de la nueva naturaleza", y del fruto en el comportamiento conforme a la semejanza de Cristo. Puesto que Filemón era una nueva criatura transformada por Dios (2 Co. 5:17), Pablo podía esperar que actuara de la manera correcta.

Como hija de Dios, también se espera que actúes y te comportes conforme a la semejanza de Cristo, como él lo haría, como lo hace un cristiano. Dios exige lo mejor de ti. Y para ayudarte a hacer las cosas de la mejor manera, te ha dado su Espíritu Santo, su Palabra, y su gracia. Descansa en la fortaleza de Dios en momentos de tentación. Así, Él se gozará en tu obediencia, tal como Pablo dijo que se gozaría en la obediencia de Filemón.

Lección 24

Extender la gracia de Dios

Filemón 22-25

Pablo empieza y termina su breve carta personal con una bendición de gracia que se extiende a sus lectores, a ti y a mí también. Esta carta no es solo acerca de un individuo, sino de la iglesia entera en Colosas, y quizá también en Laodicea. Al comienzo de la carta, Pablo pidió la gracia y la paz de Dios no solo para Filemón, sino para la iglesia entera. El favor de Dios se extiende a todos por medio de la gracia salvadora de Jesucristo, y este es el punto de partida de Pablo. Dado que la gracia de Dios se ha extendido a Filemón, Pablo le pide que muestre esa misma gracia al esclavo fugitivo, que le ha sido inútil y rebelde. Por último, Pablo se vuelve a la congregación entera concluyendo con una oración para que todos los creyentes experimenten aún el favor de Dios en sus vidas.

Filemón 22-25

22 Prepárame también alojamiento; porque espero que por vuestras oraciones os seré concedido.

23 Te saludan Epafras, mi compañero de prisiones por Cristo Jesús,

24 Marcos, Aristarco, Demas y Lucas, mis colaboradores.

25 La gracia de nuestro Señor Jesucristo sea con vuestro espíritu. Amén.

De la Palabra de Dios...

1. *Una última petición.* ¿Cuál fue la última petición de Pablo (v. 22)?

   ¿Por qué la hizo?

   ¿Cuál era el fundamento para una actitud tan positiva?

2. *Saludos de cinco amigos.* La lista del versículo 23 es idéntica a la lista que aparece en el saludo de Pablo en Colosenses 4:10-17, excepto por una persona. ¿Quién es?

   Revisa la lección 18 y escribe una breve descripción de cada uno de estos hombres:

   Epafras

Marcos

Aristarco

Demas

Lucas

3. *Una bendición para concluir.* ¿Cómo termina Pablo la carta a los colosenses (4:18)? ¿En qué difiere esta bendición de Filemón 25?

...a tu corazón

- *La importancia de la hospitalidad.* Brindar hospedaje a predicadores itinerantes era algo muy importante en la época de Pablo. En aquel entonces no existían hoteles. Los viajeros cristianos no tenían opción aparte de quedarse en tabernas o lugares desagradables, a menos que alguien abriera las puertas de su casa. ¿Qué dicen los siguientes versículos acerca de la hospitalidad?

  Colosenses 4:10

  1 Timoteo 3:2

  1 Timoteo 5:9-10

Tito 3:13

3 Juan 5-8

La hospitalidad cristiana podría no parecer tan necesaria hoy en día debido a que existen más opciones para los viajeros, pero aún así es una cualidad deseable. ¿Cómo te consideras en materia de hospitalidad? ¿Cómo la has manifestado a otros la semana pasada, o antes?

- *Un cambio de planes.* Varios años antes de su encarcelamiento, Pablo escribió a los creyentes en la iglesia de Roma. ¿Cuál era el plan inicial de Pablo, su plan A (Ro. 15:22-24)?

Es evidente que los planes de Pablo han cambiado. Ahora él le dice a Filemón que viajará al este, no al oeste. ¿Tienes planes y metas? Eso está bien. Pero ¿qué tan dispuesta estás a que Dios cambie tus planes? ¿Cómo te anima la flexibilidad de Pablo frente al plan de Dios cuando tus planes cambien o se frustren?

- *El lugar de la gracia.* ¿Qué papel juega la gracia en tu salvación (Ef. 2:8-9)? Y,

¿En tu crecimiento espiritual (Hch. 20:32)?

¿En relación con el pecado y la ley (Ro. 3:24)?

¿En la obra misionera (Hch. 14:26)?

¿Cómo describe Pablo la relación entre tu espíritu y el Espíritu de Cristo en Romanos 8:11-17? ¿Cuán importante es la confesión para asegurar la gracia de Dios en tu vida (1 Jn. 1:9)?

Respuesta del corazón

Al terminar esta breve carta, casi una nota, quizá te haya impresionado el espíritu afable y bondadoso de Pablo. Hasta el líder cristiano más grande tiene que aprender una lección de Pablo, que a su vez la aprendió de Jesús. Pablo escribió en Filipenses 2:3-5: "Nada hagáis por contienda o por vanagloria; antes bien con humildad, estimando cada uno a los demás como superiores a él mismo... Haya, pues, en vosotros este sentir que hubo también en Cristo Jesús".

Es importante observar la amabilidad con la que actuó Pablo. Él nunca le impuso a Filemón su opinión. Su actitud es una demostración clara de cortesía cristiana y de consideración y tacto en el trato a los demás. Es algo de admirar en nuestra era caracterizada por el trato brusco y descortés, incluso entre creyentes. Constituye un ejemplo personal y cálido de la evidencia del poder transformador del Espíritu de Cristo, primero en la vida de Pablo y luego en la de sus dos discípulos Filemón y Onésimo. Espero que ese poder transformador sea también evidente en ti.

El propósito de Dios es que la oración de Pablo por Filemón y la iglesia que se reúne en su casa se extienda a lo largo de los siglos y llegue también a tu corazón. Como lo fue entonces, y también ahora, "la gracia de nuestro Señor Jesucristo sea con vuestro espíritu".

Lección 25

Meditar en la gracia de Dios

Repaso

Dedica unos minutos a repasar cada capítulo de Colosenses y Filemón, anotando tus ideas acerca de la gracia y de su presencia en tu vida.

COLOSENSES

Capítulo 1

Capítulo 2

Capítulo 3

Capítulo 4

Filemón

Ahora, lee de nuevo Colosenses, o revisa de nuevo tus lecciones, y trata de escribir por lo menos cinco hechos importantes acerca de la persona y la obra de Jesús. ¡Tal vez encuentres hasta diez!

1.

2.

3.

4.

5.

6.

7.

8.

9.

10.

Por último, escribe cómo cada uno de estos hechos debe aplicarse a tu vida.

1.

2.

3.

4.

5.

6.

7.

8.

9.

10.

A lo largo de este estudio he pensado en ti y he orado por ti. Mi anhelo para ti, y para mí, ha sido que crezcamos en el conocimiento y el reconocimiento de la maravillosa e inigualable gracia de Jesús. ¡Que podamos exaltar su precioso nombre por siempre!

Cómo dirigir un grupo de estudio bíblico

¡Qué privilegio es dirigir un estudio bíblico! Y qué gozo y emoción te esperan cuando tú escudriñas la Palabra de Dios y ayudas a otros a descubrir sus verdades transformadoras. Si Dios te ha llamado a dirigir un grupo de estudio bíblico, sé que pasarás mucho tiempo en oración, planificando y meditando para ser una líder eficaz. Sé, también, que si dedicas tiempo a leer las sugerencias que te doy podrás enfrentar mejor los desafíos que implica dirigir un grupo de estudio bíblico, y disfrutar del esfuerzo y de la oportunidad.

Las funciones de la líder

En el transcurso de una sesión descubrirás que tu papel como líder de un grupo de estudio bíblico va cambiando entre las funciones de *experta, animadora, amiga*, y *árbitro*.

Puesto que eres la líder, los miembros del grupo verán en ti la *experta* que las guía en el estudio del material, y por eso debes estar bien preparada. De hecho, prepárate más de lo que se espera, con el fin de que conozcas el material mejor que todos los miembros del grupo. Empieza tu estudio a comienzos de la semana y deja que su mensaje penetre durante toda la semana. (Incluso podrías trabajar varias lecciones por anticipado, para tener en mente el cuadro completo y el enfoque general del estudio). Prepárate para comunicar otras verdades preciosas que las participantes de tu grupo quizás no hayan descubierto por sí mismas. Una meditación adicional que surge de tu estudio personal, un comentario de un sabio maestro o erudito bíblico, un dicho inteligente, una observación aguda de otro creyente, e incluso una broma apropiada, añadirán diversión y evitarán que el estudio bíblico se vuelva rutinario, monótono y árido.

En segundo lugar, debes estar preparada para ser la *animadora* del grupo. Tu energía y entusiasmo hacia la tarea propuesta pueden servir de inspiración. También pueden animar a otras a consagrarse más a su estudio personal y participar en el grupo de estudio.

Tercero, debes ser la *amiga*, aquella que demuestra un interés sincero por los miembros del grupo. Tú eres la persona que creará el ambiente del grupo. Si tú ríes y te diviertes, las participantes también reirán y se divertirán. Si abrazas, ellas abrazarán. Si te interesas, ellas se interesarán. Si compartes, ellas compartirán. Si amas, ellas amarán. Por consiguiente, ora cada día para amar a las mujeres que Dios ha puesto en tu grupo. Pídele que te muestre cómo amarlas con su amor.

Por último, como líder, tendrás que ser *árbitro* en algunas ocasiones. Eso significa que debes cerciorarte de que todas tengan la misma oportunidad de hablar. Es más fácil hacerlo cuando funcionas bajo la suposición de que cada participante tiene un aporte valioso. Confía entonces en lo que el Señor ha enseñado a cada persona durante la semana, y actúa conforme a ese supuesto.

Experta, animadora, amiga, y árbitro son las cuatro funciones de la líder que podrían hacer ver la tarea como algo abrumador. Pero eso no está mal, si es lo que te mantiene de rodillas orando por tu grupo.

Un buen comienzo

Empezar a tiempo, saludar con entusiasmo a cada persona, y empezar con una oración constituyen un buen principio para el estudio bíblico. Ten presente lo que quieres que ocurra durante la reunión y cerciórate de que se cumplan los objetivos. Ese tipo de orden hace que las participantes se sientan cómodas.

Establece un formato y comunícalo a los miembros del grupo. A las personas les agrada participar en un estudio bíblico que se centra en la Palabra. Procura entonces que la discusión se centre en el tema y anima al grupo a continuar con las preguntas del estudio. Con frecuencia, es difícil evitar desviarse del tema, y aún más difícil controlar la discusión. Por consiguiente, asegúrate de centrarte en las respuestas a las preguntas acerca del pasaje específico. Después de todo, el propósito del grupo es el estudio de la Biblia.

Para terminar, como alguien comentó con acierto: "El crecimiento personal es uno de los resultados de todo grupo pequeño que funciona bien. Este crecimiento se logra cuando las personas reciben el reconocimiento y la aceptación de los demás. Cuanto más respeto, simpatía, confianza mutua y calidez se expresen, más probable será que cada miembro se esfuerce por lograr las metas del grupo. El líder eficaz procurará reforzar los rasgos deseables" (fuente desconocida).

Doce ideas útiles

Esta es una lista de sugerencias útiles para dirigir un grupo de estudio bíblico:

1. Llega temprano, lista para centrarte por completo en los demás y dar de ti misma. Si tienes que hacer algún preparativo, revisión, reagrupamiento, o una oración de último minuto, hazlo en el auto. No entres de prisa, sin aliento, apurada, tarde, ajustando aún tus planes.
2. Revisa con anticipación el lugar de la reunión. ¿Tienes todo lo necesario… mesas, suficientes sillas, un tablero, himnarios si piensas cantar, café, etcétera?
3. Saluda calurosamente a cada persona por nombre a medida que llega. Después de todo, has orado durante toda la semana por estas mujeres, y cada persona especial debe saber que te alegras de su llegada.
4. Al menos durante las dos o tres primeras reuniones, usa etiquetas con los nombres de las participantes.
5. Empieza a tiempo sin importar lo que pase, ¡incluso si solo ha llegado una persona!
6. Piensa en una declaración de inicio agradable pero firme. Podrías decir: "¡Esta lección fue grandiosa! Empecemos de una vez para que podamos disfrutar todo su contenido!" o "Vamos a orar antes de comenzar nuestra lección".

7. Lee las preguntas, pero no dudes en reformularlas cuando sea necesario. Por ejemplo, en vez de leer un párrafo completo de instrucciones, podrías decir: "La pregunta 1 nos pide mencionar algunas formas en las que Cristo demostró humildad. Margarita, por favor cita una de ellas".

8. Resume o parafrasea las respuestas dadas. Hacerlo mantendrá la discusión centrada en el tema, eliminará las desviaciones del tema, ayudará a evitar o aclarar cualquier malentendido del texto, y a mantener a cada participante atenta a lo que dicen las demás.

9. No te detengas y no añadas tus propias preguntas al tiempo de estudio. Es importante completar las preguntas de la guía del estudio. Si se requiere una respuesta concreta, entonces no tendrás que hacer otro comentario aparte de decir "gracias". Sin embargo, cuando la pregunta pide una opinión o una aplicación (por ejemplo, ¿cómo puede esta verdad ayudar a nuestro matrimonio? O ¿cómo sacas tiempo para tu tiempo devocional?), permite que participen cuantas lo deseen.

10. Anima a cada persona que participa, en especial si el aporte es de carácter personal, difícil de decir, o si viene de una persona muy callada. Haz que todas las que participan se sientan como heroínas, con comentarios como: "Gracias por contarnos de tu experiencia personal", o "Apreciamos mucho lo que Dios te ha enseñado. Gracias por hacernos partícipes de ello".

11. Está atenta a tu reloj, ubica un reloj frente a ti, o considera el uso de un temporizador. Organiza la discusión de tal forma que cumplas con el tiempo que has establecido, en especial si quieres dedicar un tiempo para orar. Detente a la hora señalada incluso si no has terminado la lección. Recuerda que todas han estudiado ya la lección, y que se trata de un repaso.

12. Termina a tiempo. Solo puedes hacer amigas en tu grupo de estudio si terminas a tiempo, e incluso antes. Además, las participantes de tu grupo también tienen actividades pro-

gramadas en su agenda y que deben atender: recoger a los niños de la guardería, de la escuela o de la niñera; volver a casa para atender asuntos allí; hacer diligencias; acostarse; o pasar tiempo con sus esposos. ¡Déjalas ir a tiempo!

Cinco problemas comunes

En cualquier grupo puedes esperar algunos problemas. A continuación encontrarás algunos de los más comunes que pueden surgir, y también algunas soluciones prácticas:

1. *La lección incompleta.* Desde el comienzo establece la norma de que si alguien no ha estudiado la lección, es preferible que no conteste las preguntas en el grupo. Sin embargo, intenta incluir sus respuestas a preguntas sobre opiniones o experiencias. Todas pueden aportar ideas como respuesta a puntos como: "Reflexiona en tus conocimientos acerca del entrenamiento deportivo y espiritual, y luego comenta lo que consideras que son los elementos esenciales para entrenarse en piedad".

2. *El chisme.* La Biblia dice con claridad que el chisme es malo, así que no desearás permitir esto en tu grupo. Establece una norma elevada y estricta diciendo: "No me siento cómoda con esta conversación" o "Señoras, estamos [no estás] chismeando. Sigamos con la lección".

3. *La participante habladora.* Estos son tres escenarios y algunas posibles soluciones para cada uno:

   a. La participante que causa el problema tal vez hable porque ha hecho su tarea y está emocionada por algo que desea comunicar. Quizá también sepa más acerca del tema que las demás y, si le prohíbes hablar, el grupo se perjudicaría.

      SOLUCIÓN: Responde diciendo algo como "Sara, haces aportes muy valiosos al grupo. Veamos si podemos escuchar lo que las demás piensan al respecto", o "Sé que Sara puede responder esto, porque ha hecho su tarea a conciencia. ¿Qué tal si otras nos cuentan acerca de su estudio?"

b. La participante podría mostrarse habladora porque no ha hecho su tarea y quiere aportar a la discusión, pero carece de límites.

SOLUCIÓN: Desde la primera reunión, fija la norma de que quienes no han realizado su lección no podrán hacer comentarios, excepto en preguntas de opinión o aplicación. Tal vez sea preciso recordar esta norma al principio de cada sesión.

c. La participante habladora quizá desee ser oída a pesar de no tener siempre algo que vale la pena aportar.

SOLUCIÓN: Después de varios recordatorios sutiles, habla de manera más directa: "Betty, sé que te gustaría comentar tus ideas, pero demos a otras la oportunidad de hacerlo. Me gustaría oírte más adelante".

4. *La participante callada.* Estos son dos escenarios y sus posibles soluciones:

a. La participante callada quiere aportar pero de alguna forma no logra encontrar la ocasión para hablar.

SOLUCIÓN: Ayuda a la participante callada prestando atención a las señales que manifiesta cada vez que desea hablar (moverse al borde de su silla, expresar algo con su mirada, empezar a decir algo, etcétera), y luego podrías decir: "Un momento. Creo que Mariana quiere decir algo". ¡Y no olvides hacerla sentir después como una heroína!

b. La participante callada simplemente no quiere participar.

SOLUCIÓN: "Mariana, ¿qué respuesta tienes para la pregunta 2?" o "¿Qué piensas acerca de…?" Por lo general, cuando una persona tímida ha hablado unas pocas veces, se sentirá más confiada y dispuesta a seguir haciéndolo. Tu función es proveer la oportunidad *sin* riesgos de respuestas equivocadas. Sin embargo, en algunas ocasiones habrá una participante que te diga que en realidad prefiere no intervenir. Respeta su posición, pero de vez en cuando pregúntale en privado si se siente lista para aportar a las discusiones del grupo.

De hecho, brinda total libertad a las participantes de aportar o no. En la primera reunión, explica que si alguna prefiere no exponer su respuesta, puede decir "paso" en cualquier momento. Sería útil repetir esta norma al principio de cada sesión grupal.

5. *La respuesta equivocada*. Nunca digas a una participante que su respuesta es errónea, pero tampoco permitas que una respuesta equivocada se pase por alto.

   SOLUCIÓN: Pregunta si alguien más tiene una respuesta diferente, o formula preguntas adicionales que hagan surgir la respuesta correcta. A medida que las participantes se acercan a ella, puedes decir: "Nos estamos acercando. Sigamos pensando, casi hemos encontrado la respuesta".

Aprender de la experiencia

Tan pronto como finaliza cada sesión de estudio bíblico, evalúa el tiempo de discusión grupal con esta lista de control. Tal vez también quieras que un miembro del grupo (o un asistente, un aprendiz, o un observador externo) te evalúe de manera periódica.

Que Dios te fortalezca y aliente en tu servicio a otros para que descubran las abundantes y maravillosas verdades que Él ofrece.

Una Biblia que integra pensamientos devocionales y otros recursos adicionales diseñados para ayudar a las mujeres de entre 16 y 25 años a descubrir el poder transformador de la Palabra de Dios. Las lectoras jóvenes serán inspiradas, ampliarán su comprensión y recibirán aliento a través de los 365 devocionales incluidos y diversas herramientas de estudio integral como 350 notas de estudio que incluyen datos y perspectivas para entender el contexto de la Escritura y facilitar su aplicación, biografías, promesas y una introducción a cada libro de la Biblia. Todas las notas y herramientas fueron escritas o desarrolladas por Elizabeth George.

Medita en el tierno amor de Dios por mujeres iguales que tú.

Comienza o termina tu día con estos poderosos recordatorios de un minuto de la obra de Dios en las vidas de las mujeres en la Biblia. A medida que aprendas cómo Dios ha consolado, ayudado y provisto a las mujeres en la Biblia, crecerás cada vez más consciente de Su asombroso amor por ti.

¿Anhelas nutrir una vida significativa de oración? Para todas las situaciones ordinarias y extraordinarias a las que te enfrentas cada día, llega una colección de 100 oraciones de la popular autora Elizabeth George. Luego de cada oración hay breves devociones para ayudarte a navegar las relaciones con tu familia, amigos y el mundo que te rodea.

EDITORIAL
PORTAVOZ

NUESTRA VISIÓN

Maximizar el efecto de recursos cristianos de calidad que transforman vidas.

NUESTRA MISIÓN

Desarrollar y distribuir productos de calidad —con integridad y excelencia—, desde una perspectiva bíblica y confiable, que animen a las personas a conocer y servir a Jesucristo.

NUESTROS VALORES

Nuestros valores se encuentran fundamentados en la Biblia, fuente de toda verdad para hoy y para siempre. Nosotros ponemos en práctica estas verdades bíblicas como fundamento para las decisiones, normas y productos de nuestra compañía.

Valoramos la excelencia y la calidad
Valoramos la integridad y la confianza
Valoramos el mérito y la dignidad de los individuos y las relaciones
Valoramos el servicio
Valoramos la administración de los recursos

Para más información acerca de nuestra editorial y los productos que publicamos visite nuestra página en la red: www.portavoz.com